# 盈利

## 中小企业如何赚钱

盈利系统方案版——运营系统浓缩版

智 道◎著

中国环境出版集团·北京

**图书在版编目（CIP）数据**

盈利：中小企业如何赚钱 / 智道著. -- 北京：中国环境出版集团, 2023.9
ISBN 978-7-5111-5572-6

Ⅰ. ①盈… Ⅱ. ①智… Ⅲ. ①中小企业－企业管理－盈利－研究 Ⅳ. ①F276.3

中国国家版本馆CIP数据核字(2023)第141263号

| | | | | |
|---|---|---|---|---|
| 出 版 人 | 武德凯 | | | |
| 策划编辑 | 李心亮 | 特邀策划 | 王　彬 | |
| 责任编辑 | 范云平 | 执行策划 | 光　泽 | |
| 装帧设计 | 艺友品牌 | 特邀编辑 | 胡晓灿　王　磊 | |

**出版发行**　中国环境出版集团
　　　　　（100062 北京市东城区广渠门内大街16号）
　　　　　网　　址：http://www.cesp.com.cn
　　　　　电子邮箱：bjgl@cesp.com.cn
　　　　　联系电话：010-67112765（编辑管理部）
　　　　　　　　　　010-67112739（第三分社）
　　　　　发行热线：010-67125803, 010-67113405（传真）
**印　　刷**　北京鑫益晖印刷有限公司
**经　　销**　各地新华书店
**版　　次**　2023年9月第1版
**印　　次**　2023年9月第1次印刷
**开　　本**　787×1092 1/16
**印　　张**　21.25
**字　　数**　210千字
**定　　价**　188.00元

# 企业盈利的根本是经营人

《史记·货殖列传》有云，"天下熙熙皆为利来，天下攘攘皆为利往"，我们生活在这个社会上，除本能的生存需求外，名利之心人人皆有，做企业虽是"利"字当先，但取之一定要有道。"利"是一个很深奥的字，蕴含着深厚的经商之理，拿我自己来说，创业初期一心为"利"，而后渐渐发现"利"并不属于自己，而是属于他人，先要"利他"才能"利己"。

不知道大家对"利他"这个词是否有感觉。简单来说，一个人做企业必然要得到别人的支持，别人为什么要支持自己？当然是为了"利"，先"利他"再"利己"，事业才能成功，企业才会盈利。我曾以为企业盈利需要一个好的商业模式、一套好制度、一个好项目、一群好员工，后来发现并不完全是这样，在经历过失败、无助、

失落、背叛后才发现做好企业根本还是在人，如果人不
行，再好的项目都没办法落地，再好的制度都没办法实
施，再好的模式都没办法盈利。

如何去经营人？如果我们有着别人无法超越的地方，
能让人家佩服，能从我们身上获得好处、得到成长，别
人才会心甘情愿跟随我们，所以，我们能做的是不断学
习，不断提高自己的能力和思想层次，去和那些成功的
企业家学习，听他们分享自己的从商经验，仔细听、仔
细学、仔细思考，把对自己有用的东西记录下来，把没
用的东西剔除，这样所接触的圈层会越来越高，学到的
东西也会越来越多，当面对员工时，员工对这样的带头
人是敬佩的。

去经营怎样的人？企业要想获得更大价值，就必须
去经营那些有才华、有能力的人，而这类人往往不那么
容易经营。在实践过程中，我对这类人真的是又爱又"恨"，
我爱惜他们的才华、创新能力、工作能力，但又"恨"
他们的不听话、对着干、不受控，有时感觉快要被这类
人逼疯了。但转念一想，如果追随我的人都顺着我，那
企业怎么创新？怎么发展？我为什么会觉得难受？为什
么会如此排斥这些有用的人？还是因为自己的格局小了，
境界小了，没有容人之量。如果连容人之量都没有，何
谈做企业？即便把企业做起来了，又能发展到哪里去？

我渐渐发现一个事实，老板的心胸不是自己变大的，
而是被员工撑大的，当我忍过一个阶段后，发现我能容

下更多人、更多事了，胸怀宽阔了，人生的境界提升了，格局也大了，再放眼看自己的企业，才发现曾经引以为傲的企业很渺小，此时再回看那些看起来"不听话"的人才，深感企业还需要更多这样的人。事实的确如此，当你的人生层次变高时，回首以往，就会发现以前的自己很幼稚、很不懂事。人生的层次不同，我们经营企业的思维高度也会不同，一个满脑子只有金钱的老板，几十年后他依旧是那个老板；一个"胸怀天下"的老板，几年后便可能成为行业佼佼者。人的初心、境界、格局决定企业的未来。做企业的人一定要先修心，把自己的境界、格局提升一个层次，等于为企业未来发展奠定了基础，这是底层逻辑，也是"道"层面的东西。其次是经营企业的经验、技巧、工具、系统、制度等，这是"术"层面的东西，"道"与"术"相结合，企业自然会盈利。

　　希望做企业的朋友，能从这本书中获得一些灵感，哪怕是一个简单的盈利小工具，只要对你的企业有效果、有用，那我就会万分满足。

2023 年 8 月

# 目录
## CATALOGUE

# 第一章

# 企业的战略与架构

企业战略强调企业组织要运用已有的资源和可能占有的资源去实现企业长远的目标，根据战略制定企业发展方向。企业组织架构的功能在于分工和协调，这是保证企业战略实施的必要手段。组织架构通常服从战略，在企业不同的发展阶段，应有不同的战略、不同的组织架构。

# 企业战略系统

任何企业的发展首先要有战略，有规划，通俗来说，就是要有长期目标和当下目标，也就是长期战略和当前战略。秦始皇说要统一六国，阿里巴巴的马云说要让天下没有难做的生意，周黑鸭的周富裕说要让人们吃到干净又好吃的鸭货，这些就是所谓的战略。有了战略然后说出去，有多少人认可你的战略，就有多少人跟你干，团队才能组建起来。

一个企业从诞生到盈利，需要一整套系统在背后做支撑，抛开盈利的表象，从内在逻辑来看，支撑一个企业盈利的系统主要有九个方面：战略、架构、文化、企业势、机制、流程、绩效考核、执行、客服，将这九个方面融合在一起，就是企业的一套盈利系统。

企业战略是盈利的首要前提，同时也是一个庞大而复杂的体系，从宏观角度来看，其战略板块大致包含发展战略、品牌战略、竞争战略、资源战略、融资战略等，每个战略板块又细分出很多具体战略，如职能战略、业务战略、用户战略、人才战略等。如果把企业战略看作大海，那么战略板块就是汇入大海的江河，具体战略就是汇入江河的溪流，这些战略虽然复杂多样，但最终的目的都是流入大海，让大海变得更加壮阔。

## 中小企业战略制定：先专一，再多元

对于中小企业而言，其企业规模没有那么大，企业内部构架也没有那么复杂，所以战略不需要多么复杂，所需要的是精准和简洁，战略定得越精准，企业发展方向就越明确。就像一艘小渔船的终极目的就是去河里捕鱼，而一艘巨轮的终极目的就是遨游大海一样，如果我们把小渔船的战略定成遨游大海，最终的结果只能是在大海中沉没，因为战略定得不精准，让小渔船干了巨轮的事情，成功的概率就会十分渺茫。

所以，中小企业在制定企业战略时，第一个要素就是精准聚焦，必须先"专一"做好企业的本职，等企业拥有一定的基础后再去考虑"多元"，不能吃着碗里的瞧着锅里的，那样可能会导致本职事情没做好，其他事情也没成功。

好战略就是聚焦一个事或一个单品，心往一处想，劲儿往一处使，快速突围成为品牌，就像挖井理论一样：好战略就是专注挖一口井，不但会挖到水，还可能会挖到石油；坏战略是创业初期做了很多项目，哪个也不专业，哪个也不聚焦，挖了很多坑，快挖到水了又换下一个坑，最终什么都没挖到。总而言之，好战略 1 米宽 10000 米深，一个 10000 米深的井，不仅能挖到水，还可能挖到石油；坏战略就是 10000 米宽 1 米深，挖了很多的坑，什么都没有挖到，浪费时间，因为做什么行业都要先沉淀，做什么行业都要学三年，坏战略导致最后什么也没有做精，什么也做不成。

2007 年，三九集团被华润集团成功收购，从此这家曾经辉煌一时的企业正式解体。三九集团于 1991 年成立，最初的战略是"成为跨行业、多功能、外向型发展的企业集团"，从中能清晰看到这家企业很有雄心壮志，是朝着国际型大企业发展的。在这种战略的指导下，三九集团通过股权融资、企业兼并、重组、收购等方式，成功变成一个多元化企业，其多元主要体现在偏离主业、进军社会热点行业和开展海外事业上，而过度扩张的后果就是导致企业经营困难，经过一个阶段的经营，三九集团停止了一切跨行业扩张行为，本质上已经放弃原有战略。战略失败所导致的后遗症日益严重，企业内部矛盾加剧，运营出现困境，最终被别人收购。

无论多么优秀的企业，只要在企业战略上出现失误，就会给企业带来致命的打击。作为中小企业必须要让自己的战略精准而清晰，必须要先专一再多元。专一的力量如同放大镜聚集太阳光一样，当我们的企业规模尚小时，就要像放大镜一样把所有的资源集中在一个点上，爆发出成倍的力量，便能点燃希望的火焰，企业才能冲破行业壁垒，进入新的发展阶段。比如小米公司，最初小米只专注于手机制造，当小米手机成功在市场上占据一席之地后，意味着这口井挖到 10000 米深了，已成为品牌，有品牌影响力才能多元化经营，随着小米品牌影响力的不断扩大，又出现了一系列以小米品牌为核心的产品，包括智能手表、空调、饮水机、平板电脑等，甚至小米还计划生产新能源汽车。

## 中小企业做战略就是在做取舍

企业战略的核心是取舍，一定要有所为，有所不为，把企业内的一切资源全部转移到高获利、高增长的项目上，把那些收益低、发展缓慢的项目统统舍弃。战略的取舍本质上是源于企业核心能力的。一家做凉茶饮料的企业，在逐步发展的过程中涉足了红茶、绿茶、乌龙茶，舍弃了碳酸饮料、果汁饮料，之所以做出这样的取舍，是因为人家企业本身就是做凉茶的，一直在围绕着企业的核心能力做取舍。

中小企业做取舍是一件很困难的事情，因为企业是老板辛辛苦苦支撑起来的，做取舍就意味着要放弃一些业务板块，甚至放弃本身经营多年的业务，老板从心里舍不得，总想着熬一熬就过去了，结果越拖延企业状况越差，企业状况越差老板越不甘心，最终的结果就是企业倒闭。做企业需要的是商业思维，而不是情感思维，不能因为自己对企业的情感深厚而变得优柔寡断，需要有拿得起放得下的勇气，该舍去时必须舍去，因为一切的舍去都是为了企业更好的未来，不纠结于当下，才能成就一番大事业。

## 中小企业战略制定：战略对标

战略对标直白一些说，就是找一个比自己强的企业，这个企业就是我们的目标和方向。尤其对于中小企业来说，对标的意义显得更为重要。如果我们的企业没有战略对标，那企业发展就必须依靠自主创新，要清楚，自主创新的代价是很大的，既使有庞大的资金支持，也不一定能够成功，其成功率、失败率各占一半，也就是说，我们投入大量资金去创新，最后只有50％的成功率。有多少中小企业可以承受这样的代价？我想绝大多数企业是无法承受的，所以最好的办法就是去对标一个企业。复制别人成功的方式便是自己成功最快的方式。

战略对标要把控好尺度，量力而行。要清楚自己企业的实力处于一个怎样的水平，去找一个比自己强一些的企业对标，两者之间的差距不能太大。比如，我们要做一家互联网企业，在当前阶段企业只有10名员工，没有太多的资金，也没有太好的项目，如果此时我们把对标对象定成腾讯、百度、网易等，基本上等于给自己的企业宣判了"死刑"，差距太过悬殊，基本不可能实现。一定要先找一个比自己强一点点的企业去对标，然后通过不断地努力去超越它。这样的对标对象才是正确的、有利的。

从宏观角度来看，当企业经过一个时期的发展，战略也要随之改变，此时的中小微企业应该如何制定战略呢？办法是，去复制别人的战略模式，复制比我们自己强一点点的企业，这叫作当下战略；复制比我们强很多的企业，叫作长远战略。一群人在雪地上行走，走在第一位的人是最危险的，因为他不清楚白雪之下会有什么危险，而后面的人只要跟着他的脚步前行，就是相对安全的。长远战略就是跟着前人的脚印行走，在我们行走一段时间，企业有了犯错的资本后，可以尝试自己去战略创新，这是最保险的方式。在这个世界上战略创新的成本太高了，稍有不慎就会失去我们辛苦经营起来的企业。

## 再好的战略都需要落地才行

战略落地是伴随企业一生的事情，企业不止，战略不止。战略落地是一件需要不断去践行的事情，且没有具体的方式、方法，所有一切都是根据企业自身情况而定的。比如，有些企业在战略落地时使用人才策略，从而完成了企业的整体战略，但这种方法并不一定适用于其他企业。本质上，战略落地的方式、方法没有好坏之分，只要能实现企业的终极目标，任何方式、方法都是对的。

如前所述，企业战略主要分为当下战略和长远战略。当下战略的落地相对来说比较简单，找一个比自己企业强一点点的企业对标、追赶，一般情况下这个目标在很短时间内就可以实现，当下战略落地本质上是运营模式设计加上产品设计加上团队组建。重点是长远战略的落地。当企业规模发展到一定程度时，就必须给自己定一个长远的战略，长远战略相当于企业的庞大上下游生态链系统，是企业最终的发展状态。比如，一家做钢铁的企业，当规模达到一定程度时，需要大量接待客户，需要接待的酒店更上档次，于是这家钢铁企业开始涉足酒店、度假村。当企业员工达 10 万人时，就需要解决员工住宿、优秀员工住房等问题，于是钢铁企业又做了房地产等行业，这些项目所涉足的行业之间互相又有关联，所有涉及的产业组合在一起，就是这家企业的上下游生态产业链，这条产业链上的关联公司能让企业规模越来越大，并且使其具有长久发展的巨大空间，这就是企业的长远战略。

　　如何落地企业战略？对于中小微企业来说，就是一个字：抄。什么意思？在行业里找到比你强 10 倍的企业，复制其运营模式和组织架构，这就叫长远战略；找到比你强一点点的同行，复制其运营模式和组织架构，就是你的当下战略。

　　在做规划时，5 年规划对标长远战略，1 年规划对标当下战略。老板和员工讲的时候先讲 5 年之内要做什么，讲长远战略，简称"造梦"，然后讲当下能做什么，也就是讲当下战略，简称"务实"。老板的梦想可以大一些，可以"虚"一些，这是支撑老板不断前行的精神动力，但在实际经营企业时，必须要踏实、务实，只有把企业实实在在地做起来，梦想才可能实现，企业的长远战略才可能实现。

企业没有战略，就没有方向，试想一下，老板都没有方向，说明老板都在混日子，企业里的中高层岂不更迷茫，所以就会频繁跳槽。企业里的中高层混日子，价值观不统一，是因为没有战略或战略不清晰。遗憾的是，大部分中小微企业没有战略，或者老板本人根本就没有战略规划的认知，他们认为战略就是画饼，是虚的，是没用的，不如来点实际的绩效考核，让员工多干点活儿。而有眼光、有魄力的老板恰恰相反，他们把 90% 的精力放到战略定位上，因为只有战略定位清楚了，才能统一中高层的价值观，只有中高层的价值观统一了，才愿意为企业全力以赴。遗憾的是，大部分老板不懂战略的重要性。

有了战略，那就要去做。怎么做？根据战略规划的大小组建团队去执行，要组建团队，必须先有组织架构。

# 组织架构的概述与设计

## 组织架构的概述

　　企业的组织架构是建立在企业战略的基础上的，也就是说，一个企业必须先拥有战略才会有组织架构，企业战略大，组织架构相对复杂，企业战略小，组织架构就相对简单。小微企业可以直接复制所对标企业的长远战略和当下战略，同时把它的组织架构也复制过来，在这个基础上进行微升级，使用一段时间后再做调整基本就可以落地。组织架构解决谁是谁的上下级、谁管谁的问题。公司管理混乱、内耗大、效率低等现象都是组织架构不合理，或者没有组织架构导致的。例如，一家教育机构，老板负责战略，总经理负责运营，副总经理负责文化，销售总监负责营销。这就是一个分工明确的组织架构，每个人干好自己的事即可，一个团队合作共赢的组织架构便形成了。

中小企业在经营过程中会出现各种各样的问题，如企业内耗大、工作没头绪、公司管理混乱等，根本原因是企业的组织架构出现了问题，好比一棵大树的树叶枯萎、树枝枯死，本质是树根出现了问题。我们在做组织架构时，首先需要注意的是架构半径不能过大，半径越大，老板管理的人数越多，自然就会越累；其次是层级不能过多，架构层级过多会导致自下而上的反应过慢，当企业出现一件事情，等到老板得知时，可能已经发展到了不可控状态。

从本质上说，企业的组织架构是对工作、任务的分工协调，是企业战略实施的载体，也是企业管理和指导的辅助工具。对于中小企业而言，组织架构的要则有四点：第一，架构一定要围绕战略规划，战略大，架构大；战略小，架构就要简单一些。第二，最大化发挥战略愿景以及激励作用。第三，随着企业的不断发展，以及各阶段的战略重点差异，形成动态管理。第四，对于各级、各类组织，在内部管理的位置上既要重点突出又要保持全局平衡，通俗来说，就是同一个重要岗位要有两个人同时存在，互相制约，保持平衡。

组织架构在整套企业盈利体系中主要解决"责、权、利"三个问题，就是一个企业需要明确每个部门、每个岗位的责任是什么、权利是什么、利益是什么。比如，一个销售总监的责任就是带领团队提升业绩，如果业绩不达标，那销售总监就要承担相应的责任，如果责任划分不明确，销售总监难免会推卸责任，最终导致你推我，我推你，谁也不想担责，企业运营自然会出现问题。

　　企业在做组织架构之前要先把战略定位做好，定位越清晰、越明确，组织架构就会越清楚，责、权、利问题就会越明确，如果企业自身的战略定位有问题，再在这个基础上去做组织架构，问题就会被放大，一旦实际落地，企业的整体运营就会出现问题。中小企业规模都不大，战略定位需要更加明确，不要想着一口吃成个胖子，一定要学会在自己的领域范围之内把企业做成一把利剑，只有这样企业才能在行业中脱颖而出。架构本身是没有对错之分的，只有合不合适而已，一定要根据自己企业的实际情况去做架构，即便做出来的架构不完善，也可以慢慢调整和优化，在这一过程中就会逐渐解决"谁管谁"的核心问题。

　　山东一家做物流的企业，老板手下有二十几名员工，企业做得还算不错，但老板整天忙得晕头转向，只要他一天不在企业里，感觉整个企业都无法正常运转。经过了解后才发现，这位老板在企业里扮演着"大总管"的角色，大事小事都要管，就连打扫卫生、请假这样的小事都需要他去处理，有些员工甚至把一些本职工作推给老板去做。这家企业根本没有组织架构，除了老板大家都是平级，谁也不管谁，有事直接找老板。

　　这样的企业最需要的是把架构优化好，让老板腾出些时间去做其他大事。这家企业的架构优化后，老板只负责管财务部和总经理，总经理负责整个企业里的业务团队，而业务团队又分成两个部门，由两个业务总监带领。如此一来，在这个企业里就形成一个"两两制衡"的局面，两个业务总监互相制衡，总经理和财务部互相制衡，老板即便离开企业很长时间也会很放心，因为企业里的部门在互相制衡、互相监督。

## 组织架构的设计

组织架构的设计就是根据组织目标和组织导向，对组织的组成要素和它们之间连接方式的设计。组织架构设计要注意以下两点。

第一点：不宜过宽，也就是说，总经理管理的部门不能太多，如果一个总经理同时管理七八个部门，不仅自己会很累，还会顾此失彼。一般来说，总经理所管理的部门最多不能超过六个，保持三四个最为合适。

## 企业组织架构优化示例图

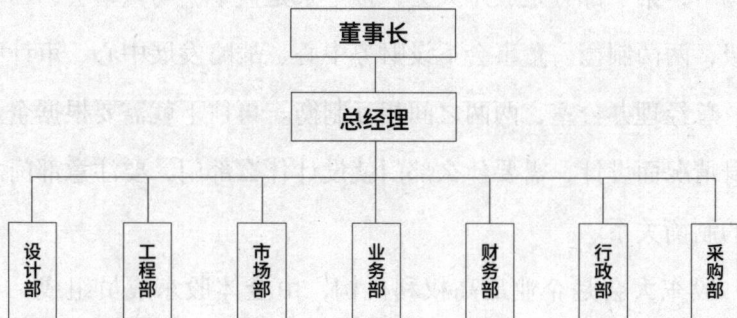

董事长

总经理

设计部　工程部　市场部　业务部　财务部　行政部　采购部

原始组织架构图

```
                    ┌──────────┐
                    │  董事长   │
                    └────┬─────┘
                         │      ┌──────────┐
                         ├──────┤  财务部   │
                         │      └──────────┘
                    ┌────┴─────┐
                    │  总经理   │
                    └────┬─────┘
          ┌──────────────┼──────────────┐
    ┌─────┴─────┐  ┌─────┴─────┐  ┌─────┴─────┐
    │ 业务/设计部 │  │ 工程/采购部 │  │ 市场/行政部 │
    └───────────┘  └───────────┘  └───────────┘
```

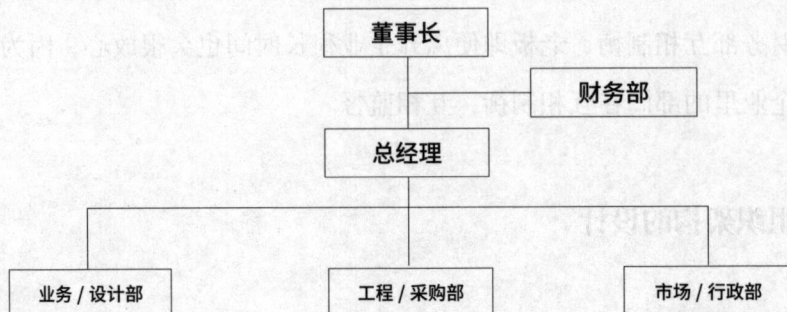

新组织架构图

第二点：不宜过深，组织架构纵向太深、太烦琐，会导致企业整体反应过慢，运营效率变差。

中小企业如何设计自己的组织架构？首先要搞清楚组织架构的底层逻辑，在这个基础上设计，出错的概率就会大大减少，设计、落地的过程也会变得顺利。简单来说，在一个企业的组织架构中，第一部分是股东大会，接下来是监事会与董事会，二者平级，两两制衡。董事会下设财务中心、战略发展中心、审计中心、总经理办公室，两两之间相互制衡。再往下就需要根据企业自身情况而设计，需要什么部门就设计什么部门，要注意部门之间的制衡关系。

股东大会是企业最高权利机构，由全体股东成员组成，只要企业股东超过两人，就可以成立股东大会。监事会是代表股东对公司业务、会计事务等进行监督的权力机构，监事可以由股东代表出任,也可以聘请独立监事。监事会可以请求董事会提出报告,审阅公司的生产经营和财务情况,监事会权力很大。董事会对股东大会负责,是公司的决策层,最高机构首脑是董事长。有限责任公司如果规模比较小,可以直接设一个执行董事,不必再设董事会。总经理是公司业务执行的最高负责人,也可以由职业经理人担任。在股东、董事长、总经理的角色定位中,股东是投资方,董事长是经营方,总经理是执行方。没有董事会就没有董事长,董事长是由董事会选出来的。董事长不一定就是大股东,董事长也不一定必须占公司股份。财务中心永远是属于股东的,必须只属于董事会管理。

负责销售的相关部门叫营销中心,包括企业的销售部、招商部、门店、市场、渠道部等。营销中心对应的最高管理人员叫营销总监或营销副总。如果具备分子公司,集团公司营销中心的最高负责人叫营销副总裁或营销副总经理。负责产品的相关部门,包括生产中心、产品中心、设计部、研发部、采购部。生产中心对应的最高管理人员为生产总监和生产副总,下设各部门可对应为厂长、车间主任、部门经理、工程师等。负责提供支持的相关部门包括财务部、行政部、人事部、后勤部、办公室等。

搞清楚一个企业的大致部门,接下来需要做的是设计架构,在整体设计中要注意各部门、各岗位、各人员之间的平衡关系。安排一个人去制衡另一个人,并不是不信任,而是想跟这个人合作得更长久。如果老板只固定用一个人去做事,那迟早会出问题,这无关乎人品，是人性的问题。在做组织架构时，需要重点考虑几个平衡关系：第一个是董事会与监事会之间的平衡关系，财务的审计、查账、监督等工作都需要通过监事会，董事会不能直接去做，这就是平衡关系。第二个是总经理与财务部，总经理对利润负责，财务对账目、现金负责。第三个是销售部与客服部，销售负责开发客户，但需要在客服部备案，客服部负责客户的复购和维护。这是几个重点部门之间的平衡关系，如果再深入一个层次，就是企业内具体岗位之间的平衡关系。

在整个组织架构中，每个岗位是分级别的，级别不同，待遇不同，收入也不同。比如，一级财务叫会计，可以分级别为普通会计、优秀会计、金牌会计。二级财务叫主管会计，可以分级别为优秀主管会计、普通主管会计、主管会计。三级财务叫经理，可以分级别为普通财务经理、优秀财务经理、财务经理……以此类推。一级财务是做报表的，业务相对来说简单些；二级财务是做管理的；三级财务的工作量比较大，是做项目预算的；四级财务叫CFO（首席财务官），负责资本运作、基金运营等。一级人力资源叫人事专员，是做招聘的；二级叫人力资源经理，是搞培训的；三级叫人力资源总监，是抓文化的；四级叫人力资源中心总经理，负责品行、德行教育。很多企业做得又大又好，是因为四级人力资源的品行、德行抓得好，走上公司高层的都是品行很高的人，高层影响中层，中层影响基层，整个企业就有正能量，就有发展空间。

一级销售抓业绩，叫销售员、销售主管；二级销售抓成交，叫销售经理；三级销售叫营销总监，搞调研，负责实地调查数据；四级销售叫销售总经理，负责做策划。一级生产叫车间主任，搞生产。二级生产叫生产经理，搞检验；生产经理只负责一件事，检查、检验，一定要让干得很出色的人去做检查，干得不好的去检查，他都看不出好坏来，怎么检查？三级生产叫生产总监，搞标准；生产总监是从生产一线一步一步熬上来的，富有经验，这种人才有资格去做标准，按他的标准来，大家去复制。四级生产叫事业部经理，搞研发；要选择长期在产品研发线上的人，心里装的是产品，满脑子想的也是产品，这样的人才有资格做研发。

了解每一个岗位、部门的职责后，组织架构的设计就会更加清晰。在具体落地操作时，需要老板根据企业自身需求去设计，不要担心出错，因为在初次设计组织架构时，出错也是很常见的事情，意识到出错才有改正的机会。前面说过，组织架构的设计本身没有对错之分，觉得架构设计不合理，就花时间去修改、完善。每个企业的性质不同、规模不同，组织架构也必然不同，适合自己企业发展的架构就是好的、正确的架构。

## 各行业组织架构示例图。

### 1. 有限责任公司组织架构示例

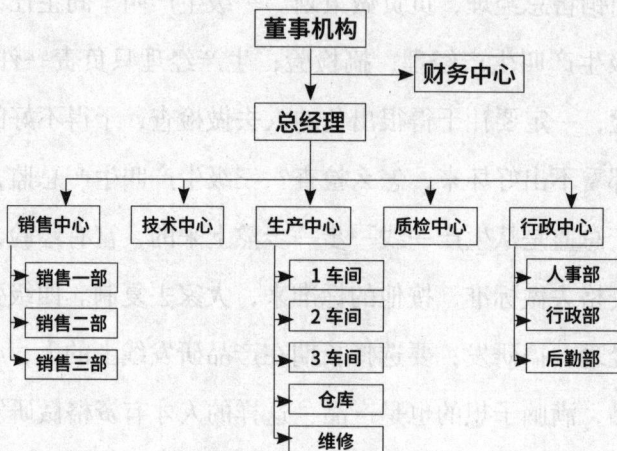

```
              董事机构
                 │
                 ├──────→ 财务中心
                 ↓
              总经理
                 │
  ┌────────┬────────┬────────┬────────┬────────┐
销售中心  技术中心  生产中心  质检中心  行政中心
  │                   │                   │
 销售一部            1车间              人事部
 销售二部            2车间              行政部
 销售三部            3车间              后勤部
                     仓库
                     维修
```

### 2. 连锁行业组织架构示例

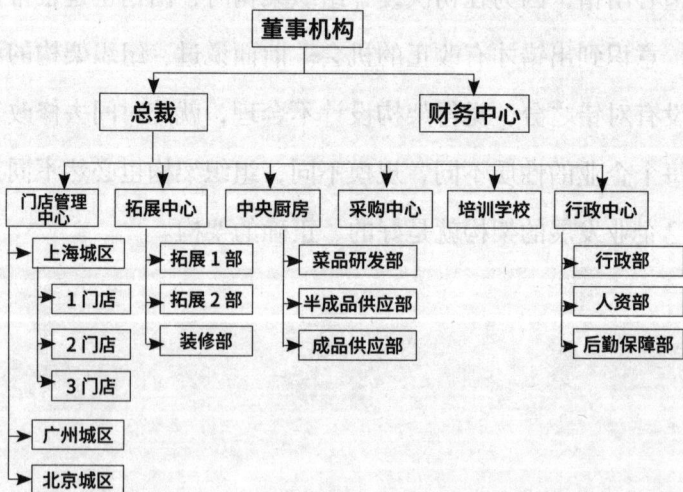

```
                     董事机构
                  ┌──────┴──────┐
                 总裁          财务中心
                  │
  ┌───────┬──────┬──────┬──────┬──────┐
门店管理  拓展中心 中央厨房 采购中心 培训学校 行政中心
中心
 上海城区  拓展1部  菜品研发部              行政部
  1门店   拓展2部  半成品供应部            人资部
  2门店   装修部   成品供应部              后勤保障部
  3门店
 广州城区
 北京城区
```

## 3. 服务行业组织架构示例

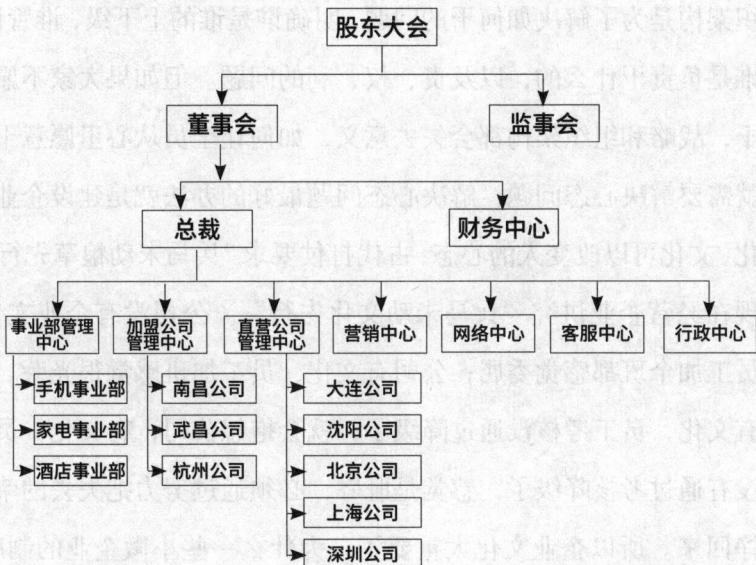

```
                        股东大会
              ┌────────────┴────────────┐
            董事会                     监事会
              │
        ┌─────┴─────┐
       总裁        财务中心
  ┌──┬──┬──┬──┬──┬──┬──┐
事业部管理  加盟公司  直营公司  营销中心  网络中心  客服中心  行政中心
中心      管理中心  管理中心
  ↓        ↓        ↓
手机事业部  南昌公司  大连公司
家电事业部  武昌公司  沈阳公司
酒店事业部  杭州公司  北京公司
                    上海公司
                    深圳公司
```

## 4. 集团公司组织架构示例

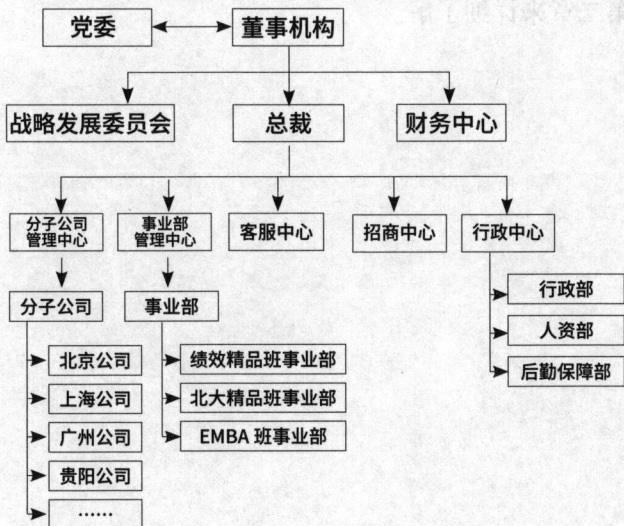

```
    党委 ⟷ 董事机构
      ┌─────┼─────┐
战略发展委员会  总裁  财务中心
  ┌──┬──┬──┬──┐
分子公司  事业部  客服中心  招商中心  行政中心
管理中心  管理中心
  ↓      ↓                        行政部
分子公司  事业部                    人资部
                                  后勤保障部
北京公司  绩效精品班事业部
上海公司  北大精品班事业部
广州公司  EMBA班事业部
贵阳公司
……
```

本章讲了战略就是方向，有了方向人心齐，根据战略做组织架构是为了解决如何干的问题，明确谁是谁的上下级，谁管谁，谁是负责干什么的，以及责、权、利的问题。但如果大家不愿意干，战略和组织架构都会失去意义，如何让全员从心里愿意干？就需要解决心态问题，解决心态问题最好的办法就是建设企业文化，文化可以改变人的心态，古代打仗要求"兵马未动粮草先行"，现在经营企业讲究"兵马未动文化先行"。公司没有企业文化，员工加个班都感觉委屈；公司有文化，员工加班感觉很光荣。没有文化，员工考核没通过降级了，就会抱怨公司；有文化，员工没有通过考核降级了，感觉是耻辱，必须通过努力把失去的荣誉挣回来。所以企业文化太重要了，为什么一些小微企业的制度、战略、组织架构、绩效考核、股权激励、薪酬分配无法落地？根本原因还是没有凝聚人心的企业文化。那究竟什么是企业文化？我们通过第二章来详细了解。

# 企业文化系统
## ——团队强大的核心

企业文化是老板的初心、性格，是企业的灵魂，老板自身是一个什么样的人，企业就会展现出什么样的文化。要做好企业文化，老板必先修心，让自己变成一个富有正能量的人，并且持之以恒地坚持下去，不断精进，不断优化，企业自然会慢慢形成独有的文化。

# 企业文化的底层逻辑

　　企业文化是企业为了解决生存和发展问题而树立起来的、被组织成员认为有效并共同遵循的基本信念和认知。企业文化由企业的价值观、信念、仪式、符号、处事方式等多方面组成，企业文化就好比企业的灵魂，是推动企业不断前进的能量，也是支撑整个企业的基石。在笔者看来，企业文化其实就是老板文化，企业风格就是老板个人特质的投射，老板的修为、境界、格局、行为、风格都会反映在企业中，在长期经营管理下，企业便会展现出与老板息息相关的文化。

　　如何建设企业文化？想要解决这个问题还需要我们从"根"上做起。企业文化的"根"就是老板，如一棵参天大树，只有根基牢固，树叶、树枝才能茁壮成长。中小企业文化的"根"是老板，企业要想拥有良好的文化体系，老板就必须是一个拥有较高修为、境界、格局的人，文化是没办法复制的，老板的本性是什么，所展现出来的文化就是什么。如果一个老板的初心就是为了赚钱，那在这个老板身边围绕的人都是冲着钱来的，所有人眼里只有钱，这种企业一旦遇到困难，人们就会"树倒猢狲散"各自寻求出路了；如果老板的初心是带着大家一起赚钱，让员工拥有更富足的生活，让企业为社会发展做一点贡献，那么这样的企业在遇到困难时，就会展现出格外强大的凝聚力，全体上下会齐心协力共渡难关。

## 磨砺修为，改变性格

为了给企业文化打造一个坚实的根基，老板须像一个"苦行僧"，把自己修炼到一定的境界、一定的高度去做事，如此，企业的文化底蕴才能日益深厚，文化氛围才能越来越好。修为提升的首要就是进行性格修炼，一个人的性格一旦形成，想要改变是基本不可能的事情，所以我们能做的不是改变性格，而是修炼性格，把自己性格中不好的一面剔除，把优秀的一面发扬。这是一件极其困难、极其痛苦，甚至可以说是反人性的事，但作为企业的老板必须要去做，如果不能够把自己修炼得很好，那你的企业文化就不会变好，企业发展自然不会太好。性格修炼其实就是在给企业文化打地基，只有地基足够深、足够牢固，企业这个"高楼"才能在这个地基上建得高、建得好，才会更加稳定地发展。

　　一家小型企业的老板，招聘到一位能力出众的人才，渐渐地这个老板发现员工赚到的钱都快要超过自己了，心里十分忌妒，十分难受，他没有办法接受员工比自己富有的事实，于是开始处处针对员工，最终这个有才华的员工选择离开企业，成为另一家企业的核心管理者。

　　老板继续招聘，又找到一位能力不错的人，虽然没有第一个员工的能力强，但依旧能为企业做贡献，渐渐地这个老板又不开心了，虽然这个员工比较有能力，但却不服从老板的意志，总是违背老板的想法，于是老板又想方设法逼迫这个员工离开，此后这个员工成了老板的竞争对手。

　　老板吸取前两个员工的经验教训，这一次他招聘到一位能力一般但很听话的员工。这次老板开心了，只要老板说往东走，员工绝对不敢往西去，渐渐地企业效益日渐下滑，即将倒闭，老板对员工破口大骂，嫌弃员工能力太差。直到企业倒闭那天，老板依旧在抱怨员工，抱怨环境，抱怨社会，孰不知企业倒闭的真正原因是自己狭小的心胸和忌妒的秉性。

　　老板如何磨砺自己的修为、修炼性格呢？简单一句话——"想做什么，就不去做什么；不想做什么，就去做什么"。人的性格是在长期习惯中养成的，如一个老板经常发火，想要改变暴躁的性格，就要从日常的小事开始"修炼"。比如，看见员工做错事想要发火时，就在内心告诉自己要冷静，不要因为一件小事去发火，慢慢坚持下来，当"不发火"逐渐成为一种习惯后，性格其实已经在慢慢改变。不要等到失败了才去后悔，更不要等到企业已经不存在了才去改变，去看看那些曾经辉煌的大老板，他们在企业失败后，脾气、性格都发生了重大改变。平时注重修炼自己的人，能够经受住重大打击，如同浴火重生一般，重整旗鼓，缺少修炼的人在企业失败后，往往自甘堕落，变成一具行尸走肉，失去活着的意义。

笔者很清楚修炼性格是一件多么困难的事情，但一定要坚持下来。拿我自己来说，以前忙于工作，半夜睡觉，白天又不想起床，慢慢地发现身体素质越来越差，所以我决定改变自己的习惯，每天6点准时起床，花1小时锻炼身体，然后吃早饭，再去公司开始一天的工作。起初真的很难，前3天是最困难的，那种感觉非常不好，坚持一周后整体感觉会轻松一些，但早上依旧需要闹钟才能醒来，坚持一个月后，每天早上根本不用闹钟，自己会准时醒，并且醒来后大脑很清醒，整个人的状态也很好。这个习惯我已经保持了十几年，如果让我睡懒觉，我会觉得特别难受，因为根本睡不着，但凡有一天没有锻炼身体，整个人都会觉得缺少了什么，一整天过得都不舒服。改变就是好事，把你想要改变的事情坚持做下来，让这种行为慢慢变成你的习惯，此时你会发现，整个世界都在跟着一起改变。

人是没办法在很短的时间内改变性格的，我们唯一能做的是从小事做起，一点一滴地去修炼。为什么很多小老板在经营几十年企业后，依旧是一个小老板，根本原因还是自身的习惯，习惯性的思维、习惯性的行为、习惯性的一切导致他的企业根本没有成长的机会。性格决定命运，性格决定企业未来，若想让企业变得更好，改变性格是非常必要的。

# 企业文化三要素

　　我们为什么要做企业文化？在一个成熟的企业里，文化占据主导地位。走进那些文化做得很优秀的企业，你会感受到浓厚的文化氛围，这样的企业之所以能做好，是因为人家有文化底蕴，员工思想高度统一，上下一心。当企业发展到一定程度时，单纯依靠利益是根本无法控制人心的，依靠的可能只有文化，试想一下，当企业发展得很好时，核心层、管理层人员已经脱离了物质需求，此时，只有文化能让人的价值观、行为、思想高度统一，也只有在这种高度统一的情况下，企业才能继续向前冲。

　　中小企业想要做好文化，首先要搞清楚文化的三个要素。第一是使命，简单而言，就是解决企业"为什么而干"的问题。比如一个制药企业，它的使命是为人类健康保驾护航，企业上下为了这个使命而奋斗。第二是愿景，可以简单理解为企业的目标，有目标就有明确的发展方向，大家才能知道企业未来的样子，才能一起努力奋斗去前进。第三是价值观，就是指企业的行为准则，是整个文化体系中相对重要的一个要素。

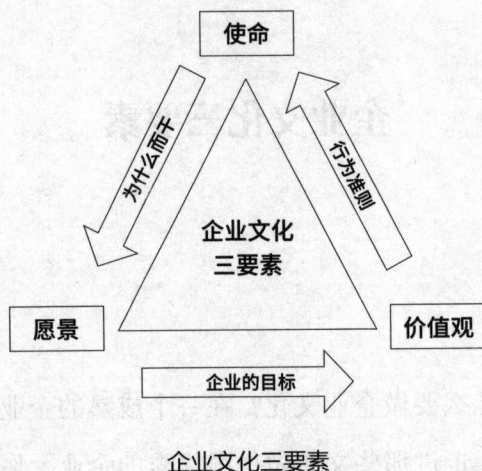

企业文化三要素

## 一、企业使命

企业应该如何定位自己的使命？一些中小企业老板根本没有意识去确立企业使命，甚至还有不少老板认为自己的企业规模尚小，还不到确立企业使命的时候，等企业规模再大一些，再去研究这类事情。一个企业，不论大小，如果连使命都没有，那怎么可能做大？中小企业确立使命，不需要做得多么"高大上"，只要符合企业的实际发展情况即可，使命不分高低贵贱，一切以企业发展为标准，凡是对企业发展有利的，都可以成为企业的使命。

一个开餐馆的老板，他的企业使命是让所有员工衣锦还乡，乍一看这样的使命显得很"俗气"，但这样的使命让他的餐馆生意红红火火。这位老板是从农村走出来的，他店里的服务员都来自农村，他很清楚农村孩子的艰辛，所以他想让所有员工都能开上车，都能在城里买上楼，能够风风光光地回家，所以他为了这个使命而努力，员工为了这个使命而奋斗。

不少老板不知道自己的企业使命是什么，创立企业就是为了赚钱，但又不能把使命写成"为了赚钱而努力"，总觉得这样不合适，就想着去搞一些"高大上"的使命来糊弄自己，于是四处模仿那些优秀的、大型的企业，学着搞了一套看起来十分"高大上"的使命，结果员工压根儿不相信这些"引进的使命"，觉得是骗人的鬼话。所谓的使命岂不是变成了摆设？归根结底还是使命与企业不匹配，每个企业的存在都有自己的使命，你不可能去模仿别人，因为文化这种东西是不可复制的，即便强行复制过来，也是徒有其表，没有其里。

企业使命能唤起员工的职业神圣感，能让员工感到骄傲、自豪，甚至能激发员工的工作动力。美国通用电器的使命是"让世界更光明"，因为当时电灯泡还没有普及，全世界有很多地方是黑暗的，如果能让黑夜多一些光亮，那对于通用电器来说就是最重要、最有意义的事情，所以他们的企业使命定为"让世界更光明"，这个使命在企业落地后，全体员工充满自豪感，甚至连一个拧螺丝的员工都会自豪地说："我不是为公司工作，我的工作是为了让世界更光明。"

有人可能会说，人家通用电器是世界型大公司，有这样的使命当然很正常，可是自己的企业规模很小，根本没有办法把使命定位成这样。如果你这样认为那就大错特错了，企业不在大小，使命不在大小，只要有使命，你的企业就是拥有灵魂的企业。就拿笔者身边发生的真实案例来说，我的一个朋友是做手机壳加工的，企业规模不大，全厂也就一百多名工人，厂子的企业使命是"给全天下的手机安一个家"，当他把这个使命在企业落地后，发现效果非常好，不仅普通工人有动力了，企业的中高层也活力暴涨，愿意给企业出谋划策，因为大家觉得自己的工作瞬间变得有意义了，感觉企业很有人情味、有温度。

使命是老板、企业的精神支柱，使命越大，老板、员工就越有动力。


## 二、企业愿景

中小企业的愿景本质是在解决两个问题，第一是描述企业未来前景。多数老板都能很清楚地说出企业的奋斗目标，如计划三年内上市，这个目标就是企业愿景。第二是解决信仰问题。让员工的目标与企业目标保持高度统一，从而将整体目标分解，依靠员工对小目标的完成度来实现企业大目标。

中小企业如何制定企业愿景？原则上，中小企业的愿景要与企业实际情况相匹配，具体制定方式可以灵活多变。比如有些企业发展得比较快速，在做企业愿景时可以分阶段、分方向进行，有些企业发展得比较稳定，那就可以按照时间周期制定短期目标、中期目标、长期目标。在落地实施过程中，需要考虑愿景的可行性，要保证这个愿景制定后，能够切实落地在员工的内心，要让员工从内心深处相信企业愿景一定会实现，这是最重要的一点。

企业愿景是建立在个人愿景之上的，以员工个人愿景为基础确立团队愿景，以团队愿景为基础确立企业愿景。在确立企业愿景之前，老板有必要先去了解员工的愿景，让员工描绘出个人、团队在某个阶段想要达到的目标，根据员工的个人愿景去制定企业愿景，在这个环节中有必要测试一下员工对愿景的支持程度，如果员工对企业愿景表现得很冷漠，那说明这个愿景没有深入人心，就需要企业重新制定，直到得到大多数员工的认可。

中小企业在企业愿景落地时经常会出现强加于员工的做法，老板感觉自己的愿景很伟大，于是便将对企业的愿景强加在员工身上。或者有些老板根本不清楚自己的愿景是什么，完全从别人那里照抄一份，来糊弄自己，目的就是让自己的企业看起来很"正规""完整"，殊不知，这种做法无异于掩耳盗铃，欺骗的只有自己。

## 三、企业价值观

价值观对于企业文化系统而言，是一个很重要的板块，毫不夸张地说，企业价值观是主导企业文化的核心，是判断善恶、好坏的标准，如果一个企业没有正确的价值观，那这个企业不会拥有好的文化，更不会拥有良好的发展空间。企业价值观的作用，本质上就是统一全体员工的思想，把这些人紧紧捆绑在一起，用相同的价值观把不同类型的人才融合在一起，让这个团队在企业爆发出巨大的能量，从而带动整个企业的发展。

中小企业想要确立自己的价值观，其实是比较困难的，因为中小企业在招聘员工时往往没有太高的标准，导致企业内部人员的素质参差不齐，每个人都有自己的想法，每个人的价值观都不一样，所以企业在确立价值观之前，必须先了解每一个人的价值观，去了解你的员工究竟是怎样的一个人。

一个人的价值观会体现在日常的行为上，我们可以观察这个员工在企业内的行为举止，从他的日常状态中分析他的价值观。比如，一个员工平时不怎么说话，喜欢听一些老歌，虽然工作能力不是很突出，但却喜欢帮助别人，哪怕加班再晚，只要别人开口，他都会全力以赴地完成。这个员工的价值观其实已经展现出来了，他是一个温柔且有责任心的人，在这种价值观的基础上去制定企业的价值观，那落地起来就会很顺利，因为员工个人的价值观与企业价值观比较统一，落地当然会轻松。如果经过观察发现这个员工平时喜欢落井下石，喜欢在背后说人坏话，那这个员工的价值观就存在很大的问题，当企业制定正确的价值观后，也大概率不会得到这个员工的认可，对于这类价值观与企业需求不符的员工，老板需要做的不是放弃他们或全盘否定他们，而是要利用企业的文化氛围去影响他们，从而做到价值观的高度统一。

企业文化的形成本身就是一个漫长的过程，中小企业老板切不可急功近利，为了做文化而做文化，要时刻保持清醒的头脑，企业做文化不是为了给别人看的，而是为了企业自身的发展需求，所以我们在做企业文化时，先去梳理所欠缺的东西，然后从老板自身开始改变，老板的改变影响高层的改变，高层影响中层，中层影响基层，这样一层一层渗透下来，整个企业的文化就会往好的方向发展。

# 思维影响企业文化

中小企业的文化落地是一件比较烦琐且艰难的事情，有太多老板在最开始时一腔热血，一心想要把文化做好，当他们坚持一段时间后，便逐渐懈怠，最终导致所谓的文化变成一个形式，渐渐地企业又恢复原样了。为什么一些企业在做文化时会虎头蛇尾、不了了之？其根本原因还是老板的思维没有转变，没有真正看到文化背后的作用，思维主导一个人的行为，只要思维没有改变，即便能在短期内坚持一定的行为，但随着时间的推移，又会恢复原貌。

宋朝梁山好汉的故事我们应该都不陌生，从商业角度来看待这群英雄好汉，也别有一番深意。姑且视梁山为一家公司，起初梁山公司的老板叫王伦,他压根儿没有给梁山公司做任何文化，没有使命，没有愿景，没有价值观，脑子里只想着占山为王，能过一天算一天。

后来梁山公司来了一个很有才能的人叫晁盖，晁盖一看梁山公司的发展前景很不错，于是立即打出"兄弟情义"的口号，企业就有了核心价值观。晁盖给梁山公司制定了企业文化，以"兄弟情义"的口号不断招揽人才，企业规模越来越大，其中就招揽来一个叫宋江的人才，宋江很懂文化，来到梁山立马打出"替天行道"的使命，自从有了这个使命，梁山公司很快发展成一家大公司，员工人数也达到了上万人。宋江有雄心，根本不满足目前的规模，于是又开始制定企业愿景，打算带领梁山"上市"，在这个"伟大愿景"的推动下，梁山最终成功"上市"。

来看一下梁山公司的三代领头人，第一代领头人是王伦，这个人的思维比较固化，心里只想着搞钱，所以在他带领期间，梁山公司就像一个小作坊。第二代领头人是晁盖，他的思维已经由个体户思维变成企业家思维，不仅做了企业文化，还以此聚集了不少优秀人才。第三代领头人是宋江，这个人了不得，不仅把梁山公司的文化做得明明白白，还能以全局思维思考问题，带着整个企业成功"上市"，称霸一方。

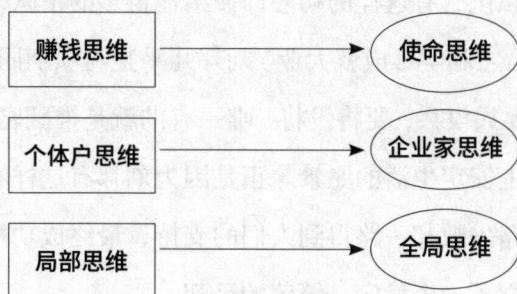

| 赚钱思维 | → | 使命思维 |
| 个体户思维 | → | 企业家思维 |
| 局部思维 | → | 全局思维 |

三种思维转变

　　老板想要把企业做大，必须改变思维：第一个需要改变的思维叫作"赚钱思维"，要把"赚钱思维"变成"使命思维"；第二个需要改变的是"个体户思维"，要把"个体户思维"变成"企业家思维"；第三个需要改变的是"局部思维"，要把"局部思维"变成"全局思维"。

## 一、把赚钱思维变成使命思维

　　如果老板做企业仅仅是为了赚点小钱，满足一下自己对金钱的欲望，那这种企业可能一辈子都会停留在小作坊阶段。如果老板把自己赚钱变成带着员工一起赚钱，那就上升到使命思维，因为老板做企业不仅是为了自己，也是为了全体员工，这种为所有员工而奋斗的想法就是老板的使命，有这样的使命支撑，企业会得到更大的发展空间。

　　项羽起兵反抗秦朝，虽然当时项羽的军事实力最强大，但最终他没有得到天下，根本原因还是项羽的初心小，他起兵是为了复国、报私仇，有这样的初心即便给他再多的军队，也不会成功，为了一己之利实难成就大业。刘邦几乎是与项羽同时起兵的，实力很弱，要兵没兵，要将没将，唯一有的就是推翻腐朽秦王朝、让老百姓过上安定生活的愿景。正是因为刘邦有这样心怀天下的志向，他一路失败却一路得到人们的支持，最终成功推翻腐朽的秦王朝，建立了一个稳定、繁荣的汉朝。

## 二、把个体户思维变成企业家思维

个体户思维表现为思想保守、害怕竞争、格局狭小，这种思维经常会出现在中小企业中，有很多老板害怕竞争，总是担心自己的企业被人挤下去，见不得别人的企业比自己好，在这种思维影响下，企业是难以发展的。与个体户思维相对应的是企业家思维，这两种思维刚好相反，企业家思维不怕竞争、格局大，这类老板很清楚，有竞争，企业才会朝着更好的方向发展，如果自己的企业是"一家独大"，反而不是好事，大概率只会走下坡路。

在当前的社会环境中，任何企业都很难做成一家独大的局面，个体户思维是行不通的，所以我们必须具备企业家思维，当看见别人的企业有困难时，去帮扶一把，遇见同行老板时，去交流一下，去分享一下经营企业的心得，互相之间多学习、多帮助。拥有这种思维的老板才会拥有大格局，才能得到更多人的追随与尊重。

有了企业家思维，才会有组织的改变，具体表现为把经营人才变成经营平台。试想一下，一个企业的骨干人员，从最初进入企业时的懵懂，到最终独当一面，他在不断地成长，如果老板依旧用以前的方式去经营他，那他还能继续留在企业吗？当一个人成长到一定程度时，便不再受我们的控制，此时应该怎么办？给人才一个平台，一个能够让他们充分施展才能的平台。此时的老板已经由经营人才转变成经营平台，自身的格局、境界已经跨入一个新层次。

　　有两个人同时开餐馆，第一个老板的本职是厨师，在餐馆开起来后他凭借自己精湛的厨艺把餐馆生意经营得还不错。第二个老板的本职是高管，此前就一直带领团队，他在餐馆开业后，一直想着如何把团队扩大，如何把餐馆规模扩大，虽然生意一般，但他身边聚集了不少人才。

　　两年后，第一家餐馆的老板依旧是小老板，有事没事还要去厨房炒个菜，日子虽然过得还不错，但却很辛苦。第二家餐馆的老板已经是餐饮连锁品牌的老总了，在他手下有 10 家连锁店，这位老板每天的工作就是找人、搭建平台，日子过得很悠闲，因为他手下有一支很好的团队，大家都愿意跟着他一起奋斗。

　　个体户思维与企业家思维的差距一目了然，我们做企业，迟早要做大的，不可能一辈子守着一家小店铺混日子吧，如果真的是这样，为何还要创立企业呢？有些老板之所以固守着个体户思维，是因为他们还没有意识到自己的这种思维有问题，一旦意识到了，就是企业发生改变之时。所以我们要推崇学习，现在这个社会的竞争太激烈了，不学习，就会被超越。

## 三、把局部思维变成全局思维

　　做企业的人千万不能约束自己的思维，不要把目光只聚焦在企业内，不要"所见即所得"只盯着自己的一亩三分地，在埋头苦干的同时一定要学会抬头看路，否则你走的就是一条不归路，不抬头就不会看见方向，只能摸黑前行。很多中小企业老板身上都存在局部思维，这些老板大多是在本地区从事企业活动，目光所及之处似乎感觉自己的企业还不错，根本没有往本地区之外的地方去看看，所以当社会大环境已经开始发生改变时，这类老板依旧靠以往的成功经验去做事，孰不知以往成功的经验已变成当下发展的绊脚石。

记得在互联网刚刚崛起时，很多传统企业都不看好线上营销，认为线上营销根本不会带来多少利润，并且需要耗费一定的资金。结果短短两三年的时间，线上营销已成为主流，此时很多传统企业才开始转型，花费很大的精力去做线上营销。然而，线上营销还没有做明白，自媒体、短视频营销又开始火爆，于是这些企业又开始转战自媒体、短视频，每走一步都比别人慢半拍，最后搞得线上营销不乐观，线下营销同样不乐观，企业发展越来越困难。这就是思维打不开，视野受局限带来的后果。

有些人懂得改变，是因为他们能看清事物的本质，知道改变之后能把事做成、能把事做得更好。有些人虽然也清楚改变是有好处的，但始终迈不出改变的第一步，没有勇气去改变，总因为一些假想的危险而担心。无论我们属于哪一种人，改变都是企业发展的必经之路，因为社会在不停地发展，不会因为你一个人停滞不前。

# 文化落地的三个层次

　　企业文化本身是一个比较"虚"的东西，看不见、摸不到，但切实存在，所以本书用了三小节来阐述有关企业文化的一些理论知识，企业文化的落地一定是基于老板对其的理解的，如果对企业文化一知半解，那落地是很困难的。企业文化通常可分为三个层次，第一层是表层的物质文化，也可以理解为企业的"硬文化"，主要包括厂容厂貌，产品造型、外观、质量，口号，生产环境等。第二层是中层的制度文化，包括领导体制、人际关系、各项规章制度和纪律等公司独有的制度。第三层是核心层的精神文化，也叫企业"软文化"，包括行为规范、价值观、群体意识、员工素质等。

　　文化落地是没有固定模式的，以下分享给大家的只是一个文化落地的基本框架，也是文化落地的一个基本逻辑，大家可以根据这个框架尝试在自己的企业中落地，可以根据企业实际情况增加或者减少，但总体的一个原则是必须符合你企业的实际和需求，不可生搬硬套。

## 一、设计企业使命

前文已解释企业使命的重要性,在具体实施企业文化落地时,首先要做的就是设计企业的使命, 也就是企业为什么而存在, 这决定着企业的经营领域、经营思想等。企业的使命是要说明企业在社会经济领域或者经营活动范围的层次, 具体表述企业在社会经济中的身份和角色, 并符合企业的定位。比如, IBM公司的企业使命是"无论是一大步还是一小步, 都要带动人类进步", 沃尔玛的企业使命是"给普通百姓提供和富人一样的购物机会"。

如何设计企业使命, 可以按照下面这个思路一步一步进行。第一步, 先找出企业的服务性质、关键词和客户购买产品所带来的好处。比如, 一家做太阳能热水器的公司,其服务性质是"科技",关键词是"节能", 客户购买产品后的好处是"实惠"。第二步,把关键词和服务内容连成一句话, 就能得到"科技节能更实惠"。第三步, 找出企业带给社会的终极目标, 这个目标是针对社会说的,这家太阳能热水器公司的社会终极目标就是"让世界更温暖"。第四步,把已经得到的两句话连在一起,得到的最终结果就是"科技节能更实惠, 让世界更温暖"。企业的使命设计必须符合企业的经营性质, 只有让大家感觉到你的企业真的能为社会解决这些问题，当你把这样的使命喊出来时，大家才会相信。

## 二、设计企业宗旨

企业宗旨相对比较简单，只有一个要求，就是能够让别人从你的企业宗旨里看出你的企业是做什么的。宗旨其实就是体现在"专注"上，企业专注做一件事，并且一定要把这件事告诉别人，让所有人都知道你的企业只做这件事，其他事情都不做。

比如，某科技企业，它的宗旨是"专注芯片研发，实现合作共赢"，别人看见这句话后，立即就知道这家企业是做芯片研发的。再如，某川菜馆，它的宗旨是"专注正宗川味30年"，大家看完这句话立刻就知道这是一家只做川味的餐馆，并且很专业。

## 三、设计企业愿景

前文已经重点提到有关企业愿景的细节，在具体设计时还是要根据企业情况而定。比如，一家做装修的企业，想做成当地最大的一站式装修企业，那它的企业愿景可以设计成"成为本地区行业领军者"。愿景与企业实际发展情况是有差距的，企业要经过一段时间的努力才会达成这个愿景。愿景可以高于企业现状，但不能夸大其词，说得太大了，不只员工不相信，甚至老板自己都不信，那这种愿景设计出来便没有任何意义了。比如，一个做职业培训的企业，它的愿景是"助力经济腾飞"，这样的愿景形同虚设，没有任何意义，即便老板的确有这样的想法，也不能直接喊出来，至少要分阶段，先成为当地龙头企业，再成为全国重点企业，抵达这一步后，再喊出"助力经济腾飞"，这样才更有说服力。

## 四、设计企业价值观

设计企业价值观，就是用几个简单词语高度概括企业的行为准则，以达到约束员工个人行为的目的。一般情况下可以用四个词语来表达，也可以用两三个词语，然后再用一句话分别释义。比如，一个企业的价值观是"创新、品质、专业、高效"，"创新"的解释是思维创新、技术创新、产品创新、模式创新；"品质"的解释是追求卓越、精益求精；"专业"的解释是技术专业、领域专业；"高效"的解释是工作高效、服务高效。

## 五、提炼团队核心价值观并解释

提炼团队核心价值观一定要注意与团队的契合度。比如，一个十分善于开拓市场的团队，在提炼团队的核心价值观时，可从团队的整体状态出发，使用"勇往直前""开疆拓土"这样的词语去阐述。提炼的团队核心价值观须与团队能力相匹配，如果我们说的太偏离实际或者太虚，团队是没办法接受的，人家从心里不接受，提炼出的价值观再华丽也无济于事。

有了团队核心价值观后，还需要我们对这个价值观做一定的释义。同一种价值观，不同的人会有不同的理解，因此必须给价值观一个更加具体的释义，在给出释义的过程中，可与团队成员展开开放、诚实的讨论，选择最普遍的释义。

## 六、形成文化墙

文化墙是企业文化标志性的东西，大多数企业都有自己的文化墙。当我们把企业文化都设计出来后，可把这些内容全部上墙，让员工进出企业时都看得见。这是一种强有力的直接、直观的宣传方式，当一件事重复的次数多了，员工的接受程度就会提高，只要时间足够久，文化落地就不是难事。

文化落地还需要特别注意四个方面：一是企业文化一定要与企业定位吻合；二是一定要与企业所从事的行业吻合；三是一定要与团队吻合；四是一定要上下一致。

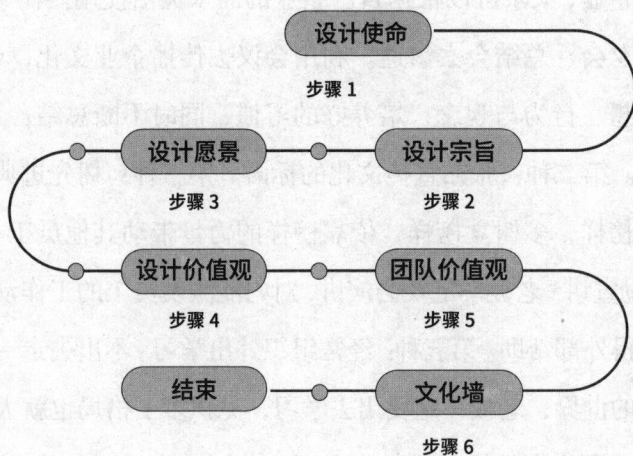

企业文化落地步骤

## 盈利工具（1）：企业文化渗透法

从本质上说，企业创立时，企业文化就已经存在，当我们去提炼、塑造文化时，只是从企业现有的基础上去浓缩、提取，并加以修正、发扬。随着企业不断地发展，企业文化也在不断地改变和完善，需要我们不断地去升华。文化始终都在引导企业前进，企业文化设计得再好，提炼得再好，都不可能在落地中一蹴而就，需要我们通过很长时间的渗透去完成，让文化一点一点地渗入人心，再经过一定时间的检验、沉淀，才能让企业展现出真正的文化，并且让文化更富有底蕴。

　　本书简单总结了一些企业文化渗透的方法，这些方法并不会适合所有企业，大家可以根据自己企业的需求灵活使用。第一种：用晨会、夕会、总结会去渗透。利用会议去传播企业文化，改变员工的思想、行为与观念，培养好的习惯，同时不断总结，不断思想碰撞。第二种：张贴宣传文化的标语。第三种：树先进典型。典型就是榜样，多树立榜样，依靠榜样的力量带动其他员工。第四种：激励宣讲。老板一定要会演讲，对内能激发员工的工作动力，对外能获得外部帮助。第五种：经常组织外出学习。不出去走一走，怎知外面的世界，老板一定要出去学习，见识多了格局也就大了，同时定期或不定期组织员工外出学习，共同进步。第六种：讲好故事。老板及企业宣传部门一定要学会讲故事，讲好企业的人物故事、品牌故事、社会责任故事……有了故事便有了灵魂，有灵魂的事物是最能打动人心的。第七种：企业陈列室。企业发展到一定规模时，需要一个展示企业发展史的陈列室，对内，有助于提高员工对企业文化的熟知度和感受度；对外，可使客户快速了解企业文化和企业实力。第八种：举办文体活动。文体活动是建设企业文化的一种重要手段，文体活动可以增进员工之间的了解，让员工感受到企业的人文关怀，增强对企业文化的认同感。第九种：引进新人。引进新人就是引进新的文化，企业文化如同一缸水，每一次引进新人就会搅动水缸，如果经常不动，那企业文化就成了一潭死水。第十种：加强企业文化考核。企业文化建设是一项全员性工作，也是需要考核的，每一次会议、考试、活动、学习都要有可执行的绩效指标，通过考核，让员工清楚自己的行为方式是否与企业要求保持一致。

# 内在文化落地阐述

　　上一节中我们提到的文化主要是企业的表层文化，这些内容是可以通过一定的工具、方法在企业落地的，也可以通过一定的方式在企业内慢慢渗透，更重要的是做好企业的内在文化，也就是"软文化""核心精神"，这是支撑整个文化体系的基础。内在文化是慢慢修炼出来的，没办法像表层文化那样一步步落地，所依靠的只能是老板对企业文化的理解程度和老板自身的领悟。

　　电视剧《亮剑》中，最初的独立团基本没有什么战斗力，"欲治兵者，必先选将"，李云龙成为团长后，就变成一支雷厉风行、作战勇猛的部队。之所以有这样的变化，是因为李云龙本人的性格便是雷厉风行、敢作敢当的，这种性格会慢慢影响整个部队的士兵，逐渐形成一种独立团独有的文化。

　　我们可以去观察一下那些文化做得特别好的老板，你会发现他们更注重自己内在的修炼，通过修炼自己而影响企业内部，建立起一个上行下效的文化场，并且这个文化场会循环往复、生生不息，通过长时间的不断沉淀，企业内在文化就会变得浑厚而极富底蕴。

有一个从事设计行业的老板，他的企业很小，只有十几名员工，并且这十几名员工的薪资普遍低于同行薪资，但奇怪的是，这家小企业已经存在了近10年，公司上下没有一名员工离职。

笔者通过详细了解才发现，原来这家企业的老板是一个十分有爱心的人，从企业有盈利开始便一直资助贫困学生，连续多年从未间断，员工听闻老板所做的事情后，深受感染，在企业困难时也选择主动留下来，平时他们也会在老板的带领下去做一些公益，如给环卫工人准备午餐、购买书本捐给山区学校等。这家企业的员工对老板的评价非常高，他们认为自己跟着老板一边赚钱一边实现人生价值是一件非常快乐、非常有意义的事情，正是因为有这些员工的支持，这家小企业才能生存近10年。

真正优秀的企业文化能够解决那些用钱根本没办法解决的事情，这便是企业文化的魅力所在。或许有人会觉得这样说有些夸大其词，但事实的确如此。当文化深入人心并且能够主导一个人的思想行为时，人们就会在内心产生高度认同感，会因在企业工作而感到自豪。

举个例子，就拿前几年很火爆的电影《战狼2》来说，当时笔者看完这部电影后，从内心深处感到作为一名中国人的自豪。之后的《金刚川》《长津湖》，也让我的内心久久不能平复，那种热血澎湃的感情一下子被激发出来，内心充满了动力。这其实就是一种文化，把这种家国文化缩小到企业来看，就会发现文化对企业真的太重要了。如果员工在企业工作，他们能有满满的自豪感，当员工提起老板时纷纷竖大拇指，那这样的企业何愁不会发展。

　　总之，企业的内在文化能从骨子里改变一个企业，这种文化的源头在于老板自身。企业的内在文化需要很长时间去渗透，不像规章制度，今天落地，明天就能看到效果，文化不一样，落地是一个需要时间的过程，文化的形成更是需要很长时间的沉淀。企业做文化不能操之过急，不要想着一夜之间就把文化做好，那是不可能的事情。文化就像"养兵千日，用兵一时"一样，在关键时候会发挥重要作用，如果不做文化，等到了需要之日，便为时已晚。所以，文化要从老板开始做企业的那一刻就去做，从老板做企业的初心开始做起，这样，当你需要企业文化时，它便能带给你巨大的能量。

# 文化入企、入眼、入脑、入心

　　中小企业文化落地基本上可以分为四个阶段：第一个阶段是文化入企，也就是我们需要把企业的一些表层文化落地，如文化墙、发展史、经典案例等；第二个阶段是文化入眼，这一阶段其实就是整个企业的视觉识别系统（VI），包括主题色、标志（logo）、图案等；第三个阶段是文化入脑，主要指通过企业内部的文化培训，将文化理念灌输到每个员工的脑海里，让大家牢记；第四个阶段是文化入心，让所有员工发自内心地认同企业文化理念，建立起精神信仰，在入企、入眼、入脑、入心的前提下，企业文化才可能被"践于行"。

## 一、文化入企

　　文化墙是整套文化体系中比较重要的一个环节，中小企业应该在文化墙上写一些什么内容呢？大致可以分为四个类别：企业的发展历程、文化理念、企业标语、荣誉展示。

### 1. 发展历程墙

有些企业的成立时间特别短，老板感觉自己的企业根本没有发展历程，其实不然，企业成立时间短不代表老板的创业时间短，企业发展历程可以从创业初期开始写起，重点是要把这段历史写好，等企业成立时间久了，这些沉淀出来的历史就会变得富有深意。

如何把企业的历史写好？如果我们自己没有这个写作能力，可以找专业的人士帮忙，把企业的历史写成能够打动人心的故事，因为故事最具感染力，更容易让人接受，会在人们心中留下深刻的印象。

### 2. 文化理念墙

文化理念墙一般包括企业简介、愿景、使命、理念、核心价值观等。能体现企业文化的、来自员工的故事也可以编写进去。

### 3. 企业标语墙

企业标语墙包括企业标语、励志标语。笔者去过很多大型企业参观学习，每次踏入这些大型企业的大门，首先感受到的就是其浓厚的企业文化，随处可以看见文化条幅、标语。试想一下，每天都能看见这些标语，随着时间的推移，你整个人便会在潜移默化中融入这种文化氛围。

### 4. 荣誉展示墙

荣誉展示墙一般包括奖杯、资质证书、专利展示等。

## 二、文化入眼

文化入眼其实就是企业文化的视觉识别系统。比如，当我们进入一家企业后，发现这家企业的主色调是蓝色，包括水杯、纸张、标语、门牌、工牌色调都很统一，这种统一的色调能给人留下深刻的印象，让人第一时间知道这是你企业文化的一部分。基本上所有的企业都会有这样的视觉识别系统。这里针对中小企业，重点阐述一下企业 logo，这是企业的门面，是企业文化视觉体系中很重要的一部分，需要花费心思设计。

在二十几年前，我们做企业 logo 一般喜欢用图案，在图案下方放上企业名称，那时候大家都习惯这种设计方式，随着社会的发展，这种形式已经不符合当前人们的审美，因为现如今行业太多，logo 设计得又大同小异，人们是很难一眼记住你的企业 logo 的，所以现如今更多企业都开始使用纯文字 logo，或者特意将文字在 logo 中的占比放大，因为人们对文字的记忆要远大于对图案的记忆。有一个叫"蜜雪冰城"的品牌，这家企业的 logo 是一个雪人，然后配上"蜜雪冰城"四个大字，人们第一眼看见这个雪人时，并不一定知道它就是蜜雪冰城，但是当看见旁边的"蜜雪冰城"四个大字时，就肯定知道这是蜜雪冰城的 logo。文字更加简单、直接，能够让人一下子就记住你的企业。

## 三、文化入脑

### 中小企业如何让员工牢记你的企业文化？

第一需要做的是宣讲与职业化培训，培训结束后一定要有考核，如果没有考核，培训大概率达不到目的。很多中小企业不具备培训条件，没有专业的文化培训部门，这是让不少老板比较头疼的事情，这样的情况下可以把文化培训这件事交给人事部门负责。前期培训可以做得简单一点，频率稍微高一些，等消化一段时间后可以把培训周期拉长一些，培训的内容更深入一些，每次培训结束后都要让人事部门备好考试题目进行考核。

第二是定期举办活动，如知识竞赛、诗歌朗诵等。活动本身就是文化的一部分，做活动的本质是让员工在欢乐的氛围中感受企业文化，在企业内部形成一种良好的文化场，以此辅助老板管理企业。企业规模小、人数少时，我们可以依靠简单的制度来管理；当企业规模变大、人员增多时，就需要依靠文化来管理人心了，文化越深入人心，企业发展越有动力。

第三是定期抽查。有些员工一遇到抽查，就表现得极其反感，别说让文化入脑了，就连敷衍都懒得去敷衍。所以，抽查员工时必须要给予奖励，当员工抽查通过后老板要及时给予红包、小礼品等奖励，这些小奖励不仅能够活跃文化氛围，还能增强员工积极性，让员工由讨厌抽查到积极参与。

## 四、文化入心

文化入心是一件很困难的事情，需要企业不断地探索、专研。企业可以组织专门的研讨会，今天研讨一下企业文化核心理念，明天征集企业发展的历史故事，一点一点去研究，一点一点去落地，一点一点去深入人心。一家公益性质的企业，每周都会开文化研讨会，每次的主题都不一样，有时是"爱心"，有时是"助人"，文化研讨会结束后，随研讨主题制定一次有针对性的实践活动，在活动过程中总结不足，需要改正的地方重新修正，做得比较好的地方继续发扬。

对于中小企业来说，文化研讨会是提升企业文化的最佳方式，但一定要做到监督实践，不能让研讨内容仅停留在"研讨"阶段，那样是没办法深入人心的。每一次研讨会结束后，都要鼓励员工去实践，只有在实践的过程中员工才能深有体会，才能对企业文化理解得更加深刻。文化入心是一个漫长的过程，只要文化能入心，员工就会热爱自己的企业、热爱企业的产品、认同老板、认同企业文化。

```
                                                    ┌─────────┐
                                              ┌─────│ 发展历程 │
                                              │     └─────────┘
                                              │     ┌─────────┐
                                 ┌────────┐   ├─────│ 文化理念 │
                              ┌──│ 文化入企 │───┤     └─────────┘
                              │  └────────┘   │     ┌─────────┐
                              │               ├─────│ 企业标语 │
                              │               │     └─────────┘
                              │               │     ┌─────────┐
                              │               └─────│ 荣誉展示 │
                              │                     └─────────┘
                              │
          ┌────────┐          │  ┌────────┐         ┌─────────┐
          │ 文化落地 │──────────┼──│ 文化入眼 │─────────│ 文字 logo │
          └────────┘          │  └────────┘         └─────────┘
                              │                     ┌────────────┐
                              │               ┌─────│宣讲与职业化培训│
                              │  ┌────────┐   │     └────────────┘
                              ├──│ 文化入脑 │───┤     ┌─────────┐
                              │  └────────┘   ├─────│ 举办活动 │
                              │               │     └─────────┘
                              │               │     ┌─────────┐
                              │               └─────│ 定期抽查 │
                              │                     └─────────┘
                              │                     ┌─────────┐
                              │  ┌────────┐   ┌─────│ 研讨会  │
                              └──│ 文化入心 │───┤     └─────────┘
                                 └────────┘   │     ┌─────────┐
                                              └─────│ 监督实践 │
                                                    └─────────┘
```

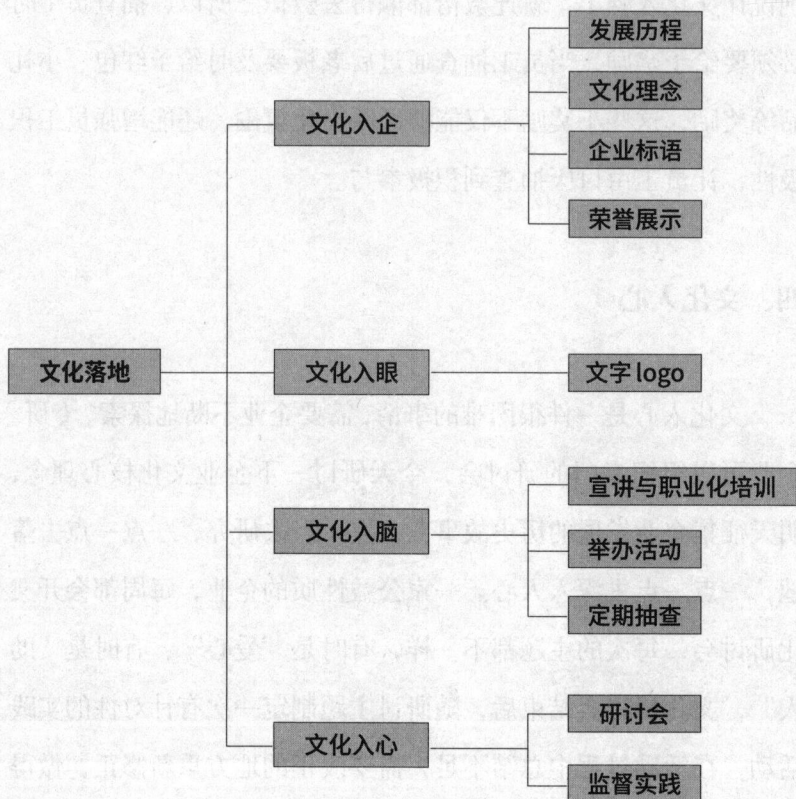

文化落地四步骤

　　在企业文化落地过程中，当发现某些板块的文化在落地后没有得到员工支持，那就说明我们的文化做得不到位，需要及时做出调整。类似的落地细节需要我们在实践中去体会、去修正，只有通过不断地实践，企业文化才会更加成熟。

　　文化是企业的灵魂，如果一个企业丢失了自己的灵魂，便成了一个制造物品的工具，缺少了发展动力和核心竞争力，但在当代社会中，许多人对企业文化的理解与认知存在误区，内部员工称为"洗脑文化"，外部人员叫作"面子工程"，也有太多老板不清楚企业做文化的真正意义，只是照猫画虎地糊弄一下自己，至少让外人看来自己的企业是有文化的。我们一定要清楚，文化不是一件可以糊弄的事情，在你的企业经营情况还不错时，文化对企业的影响可能没有那么明显，一旦你的企业步入危局，文化就能展现出巨大的效果，如果我们前期在企业文化建设上糊弄自己，后期便会自酿苦果。

# 文化落地的四大纲领

　　企业做文化的过程其实就是逐步摸索、完善的过程，需要有一颗踏实而坚定的心。不少企业做文化坚持一段时间后便放松下来，只做一些表面文章，没有将文化深入人心，这种文化其实不做也罢，因为对企业的发展起不到一点促进作用，甚至会起到反作用。

　　对于中小企业来说，可以先挑选整个文化体系中的重点去落地，先把重点的文化纲领做好，其余的再慢慢完善。虽然我们的企业没有庞大的人力、物力去做文化，但至少不能让企业文化成为阻碍企业发展的因素。需要重点落地的文化纲领有四条：一是企业纲领，也可以理解为企业的初心或者是老板建立企业的初心，这是必须要有的内容，企业有初心才会有方向，才能清楚企业究竟要走向何处。二是产品纲领，指的是产品的标准、方向，因为产品是面向客户的，需要让客户知道你的产品究竟有什么用处，客户购买你的产品后能获得怎样的价值。三是服务纲领，在当今社会中，各行各业都十分注重服务，不管是对客户还是内部员工都要有一个标准。四是团队纲领，企业如何打造团队、带领团队，要有一个标准的团队建设纲领。

## 一、企业纲领

企业纲领是企业前行的指路明灯，在企业的不同发展阶段其纲领也是不一样的。比如，一个保健企业在创业时的纲领是"服务更多人"，随着企业的发展，老板发现这个纲领所涵盖的范围太大了，没有明确表示出自己企业的核心服务群体，于是便把纲领改为"服务更多中老年人"，服务对象更加明确了。在正常情况下，中小企业不需要频繁更换企业纲领，至少要等到企业度过一个发展阶段后再去更换，因为服务纲领的更换意味着企业整体方向的改变，这是关乎企业发展的大事，在没有十足把握的情况下，最好不要随意更改。

一家做饲料添加剂的企业，老板在创立企业之初便有一个明确的初心，希望为养殖企业提供安全饲料，从而保障人们的健康。随着企业的成功创建，老板给企业定了第一个纲领"让养殖更健康"，这个纲领持续了很多年，全公司上下齐心搞研发、搞实验，目的就是让那些养殖的动物能长得更快、更健康。

有一次，这位老板去国外参观那些优秀的饲料添加剂企业，发现这些企业里的员工都充满活力，因为这里的员工不觉得自己是在给老板工作，他们认为自己的工作是为了更多人的健康，养殖出的家禽越健康，人类就会越健康。那一瞬间，老板的内心像打开了新世界一样，他觉得自己的生命有了新的方向，不应该把目光停留在养殖业上，应该为全人类的健康着想，于是这位老板回国后将企业纲领改成"为人类生命健康保驾护航"，这个纲领落地后得到企业内很多科研人员的支持，大家认为这是一件造福全社会的好事，是一件非常有意义的事情。几年后，这家企业不仅研发出更安全的饲料添加剂，还研发了一系列用于人体保健的药物，企业所涉及的领域在一步步扩大，整个企业的规模也在逐步扩大。

　　老板有初心，企业有纲领；老板有志向，企业有方向。清末巨商乔致庸，最初只想着如何拯救乔家日渐下滑的生意，随着个人经历的不断磨砺，最后有了"汇通天下"的想法，并且将此视为一生的奋斗目标，成就了一番伟业。所以，无论企业规模大小，老板是一定要有初心的，企业也是必须要有纲领的。

## 二、产品纲领

　　中小企业如何制定产品纲领？一般情况下，产品纲领只需要一句简洁明了的话来概括，这句话既能展现产品的核心价值，又能满足消费者的需求。一家做化妆品的企业，它的产品纲领是

"让世界变得更美丽，把美丽变成一件简单的事"，初听之下，我们没办法理解它究竟想要表达什么。这样的纲领明显属于语言描述过于烦琐、语意表达不清晰，我们可以按照这家企业的性质和它给出的产品将纲领优化一下，改成"简单一步，美丽十分"，既抓住了客户群体，又突出了"简单"这个关键词。

产品纲领是服务于企业的，一个好的纲领能够让产品更好销售，而一个差的纲领等同于无。这里说的产品纲领是从企业文化的角度来看待的，不可把产品纲领和"生产纲领"混淆，企业生产产品必定会有内部的生产标准，这个无须解释，当产品生产出来后，我们就要为产品赋予全新的产品纲领，向客户传递产品价值信息，也通过产品纲领完善企业文化，让产品纲领成为企业产品的标准。

## 三、服务纲领

服务纲领主要针对企业的客户来确立，是企业服务客户的一个标准。比如，什么级别的客户需要提供什么级别的服务，这些内容都是需要纳入纲领之中去切实践行的。有些企业格外"聪明"，服务纲领制定得很高，但是在实践时大打折扣，试问，客户体验过一次这样的服务后还会不会继续消费？我想基本不可能，这种服务纲领简单来说就是"一次性"服务，是没有任何"下文"的。

　　河北邢台有一家中医养生馆，老板是位中医师，性格很温和，说话也很温柔，这位老板想给自己的养生馆拟一个服务纲领，可是他想表达的内容太多了，一句两句根本说不清，于是便有了第一版服务纲领："中医养生，安全、有效、周期短，随时随地为您提供周全的服务"，我们以客户的角度来看一下这个服务纲领，其实说了这么多，核心是强调他家的服务好，一个养生馆难道真的能做到"随时随地服务"吗？根本不可能，明显夸张了。经过几次修改，这家养生馆的服务纲领变成"提供安全养生服务"，如此一来，就显得重点突出，表述简洁。关键词只有一个"安全"，客户做养生最在意的是安全，那就把安全重点提出来，精简其他内容，让客户看一眼就能记住。

　　提炼服务纲领时，一定要简单明了，不要总想着容纳很多东西，因为你表达的东西越多，纲领就会越乱，难以突出重点。我们只要抓住其中的一个重点，然后用最简单直接的语言去表达，就可以了。

## 四、团队纲领

　　企业需要怎样的团队，就去做怎样的团队纲领。比如，一个企业的后勤团队纲领是"不抛弃、不放弃"，当后勤团队中有人犯错时，领导就不能直接开除了之，而是要帮助这个成员改正错误，与团队共同进步，因为你的团队纲领就是"不抛弃、不放弃"，在实践时也一定要按照纲领办事。销售团队的纲领是"优胜劣汰"，那这个团队中一些不是很优秀的成员就会慢慢被淘汰，因为团队纲领已经定得很明确了，有能力就晋升，没能力就淘汰。

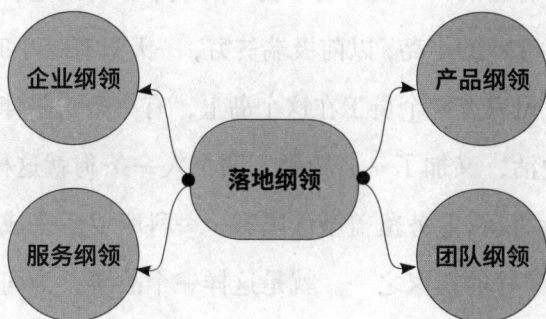

文化落地四大纲领

企业做好四大纲领后，不要让纲领成为摆设，一定要制成册子或者宣传条幅，在企业内部展示出来，让所有员工都能看见，随着时间的推移，员工会被潜移默化地影响，会慢慢渗透进内心。纲领写出来很简单，落地并不容易，任何没办法落地的纲领都是伪纲领，今天喊着为客户服务，明天就利益至上，说一套，做一套，那任何纲领都无法落地。

在这里仍然要强调，企业做文化一定要落地，停留在表层的文化是做给别人看的，是用来麻痹自己的，没有任何用处。我们在企业文化落地时，可以成立一个专门的小组，小组成员就是各部门的负责人，专门解决文化落地时出现的问题。每当一个环节出现问题，大家坐下来开个会一起研究解决办法。此外，还可以在企业内部发起学习活动。比如每周上一次文化学习课，利用半小时给所有员工讲讲有关文化的内容，塑造一些典型、榜样。比如，华为有名的"一人一厨一狗"的故事，讲的是在印度洋上有一个叫科摩罗的小岛，以前极端贫穷，一天只有一小时能用电，当时华为公司只有一个员工在这个岛上，有一条狗陪伴他，为了改善后勤生活，又加了一名厨师，两个人一条狗就这样坚守着，直到将华为的5G业务覆盖至该国家……科摩罗后来成为非洲地区5G信号最好的国家之一。就是这样一个故事，为何引起华为高度重视？因为这个故事生动地反映了华为人是如何在海外奋斗的，华为人是怎么为世界人民服务的。这就是故事的感染力，这就是典型的影响力，这就是文化的力量。

以上讲到做企业先有战略，有了战略就有了方向，把战略传递出去，有多少人认可你的战略就有多少人跟着你干，然后设计组织架构明确责、权、利，再建设企业文化"收心"，赋能企业战略，从而大大提高执行力。有了战略、组织架构、文化执行力，就可以运营企业了，此时必须审时度势，看好企业的老板势、团队势、产品势、行业势、上下游势等趋势才能不走弯路。

# 第三章

# 企业势

## ——企业操盘手

老板经营企业必然要有远见，要能清楚看到行业、产品、团队的现状及未来，一旦某个环节出现问题，需要老板果断决策去应对危机；当老板具备这种既宏观又远见的能力后，就是企业最优秀的操盘手！

# 依靠数据为企业做决策

在展开本节话题之前，大家先看一组数据。根据《中国统计年鉴2018》，截至2017年年末，我国中小微企业数量达到8300万家（含个体工商户）。另据统计，8000多万家企业的平均生命周期只有2.9年，存活5年以上的企业占比不足7%、10年以上的企业占比不足2%，换言之，中国超过98%的中小微企业在成立10年内倒闭。

从以上数据可以看出，中小企业的生存和发展环境是很艰难的，大多数企业的现状是如履薄冰，稍有不慎就会垮掉，因为中小企业资本不足，抗风险能力偏低，有时因为老板的一个决策失误，整个企业就会垮掉。中小企业没有雄厚的资本去纵容自己犯错，因此需要不断提升老板自身的眼界和格局，以更加宏观的角度看待企业发展，让老板成为企业最好的操盘手，在风险来临时进行有效的规避和抵御，除此之外，似乎再也没有更好的办法了。

## 盈利工具（2）：企业操盘手工具

如果中小企业具备提前发现企业内部问题的能力，提前预知行业风险，那企业的存活期就会变长。我们都是普通人，谁也没有预见未来的能力，但对于企业而言，可以通过工具预见未来，这套工具就是企业操盘手工具。企业操盘手工具以企业以往的各项经营数据为基础，判断企业的经营状况，从而达到发现问题、解决问题、规避危险的效果。

企业的生存之本是客户，没有客户一切免谈。企业所处的行业不同，客户群体必然不同，无论企业处于什么行业、什么类型，只要有客户就能生存发展下去。客户分为四大类：第一类是忠诚度客户，也就是我们通常说的老客户；第二类是美誉度客户，这类客户与企业接触时间短，如果企业的服务态度很好、客户在企业的消费体验很好，那么下次消费很可能再次选择企业；第三类是知名度客户，这类客户一般都是冲着企业的品牌效应而来的，单纯为了企业品牌而消费；第四类是新开发的客户，就是第一次在企业消费的客户。

我们把企业的所有客户都按照这四个大类别划分，然后把这四类客户的总和看成100，用各类客户为企业产生的效益除以总和，算出各类客户的占比，这样就能得到一组很直观的数据。

比如，一个企业的年度总收入是 100 万元，其中忠诚客户贡献的收入是 50 万元，那老客户的收入占比就是 50%，来自美誉度客户的收入是 20 万元，那占比就是 20%，另外两项的算法同样。如果企业美誉度加上忠诚度所带来的盈利，能够把企业的所有开支抵销，那就说明你的企业处于健康状态。如果说忠诚度、美誉度、知名度三项所创造的盈利不仅能抵销企业所有开支，还有结余，那说明企业非常健康。如果从这两组数据中得到的盈利结果不好，那此时就需要老板考虑一下企业的顶层商业模式设计了。

举例说明，一个企业的年度收益，来自其忠诚度客户的占比 5%，美誉度客户的占比 2%，知名度客户的占比 15%，新开发客户的占比 78%。那么，这家企业的运营有没有问题？答案是存在问题，新开发的客户占比太大，意味着只要企业一天不去寻找新客户，那企业的正常运转就会出现问题，这类企业是典型的"外强中干"型，看似强大，实则虚弱。这类企业最需要做的就是重新设计企业的盈利模式，减少新开发客户占比，提高忠诚度高的客户占比。

当我们发现企业的忠诚度、美誉度、知名度总和刚刚抵销企业运营支出时，此时企业经营已经出现问题，需要重新做顶层设计。在企业运营还算良好的情况下去改变，才能拯救企业的未来，如果等到企业病入膏肓，连运营都是错误时，那真的就无可救药了。

如果老板想要更早知道企业有没有问题，就用忠诚度加上美誉度，看看来自这两项的盈利能否抵销企业的运营支出。如果可以抵销，就说明企业的运营没有问题，此时只需要在企业中植入一些考核、绩效工具，把流程打通，提高效率，降低内耗，就会实现盈利。

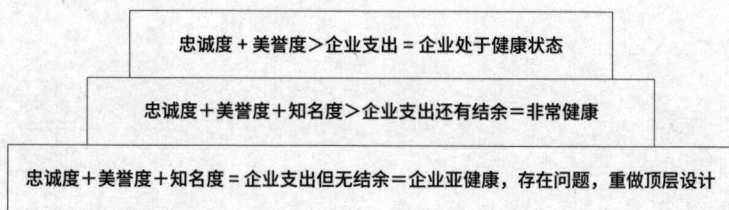

忠诚度＋美誉度＞企业支出＝企业处于健康状态

忠诚度＋美誉度＋知名度＞企业支出还有结余＝非常健康

忠诚度＋美誉度＋知名度＝企业支出但无结余＝企业亚健康，存在问题，重做顶层设计

企业操盘手工具自检

经营企业不是一件容易的事情，当老板一直身处企业内部时，往往"不识庐山真面目"，会导致老板很难发现企业所存在的问题，当这些问题暴露得已很明显时，再想解决问题恐怕为时已晚，这也是中小企业寿命普遍较短的根本原因之一。"治疗不如预防"，不要等企业已经出现问题，甚至病入膏肓时再去抢救，而是要在企业发展良好时就做好预防工作。本书介绍的这套企业操盘手工具就好比预防针一样，能够让老板提前给自己的企业打一针，提前规避病痛，让企业生存得更长久。

企业操盘手工具能从宏观的角度判断企业是否存在问题，但经营企业不能仅依靠工具，还需要依靠老板自身的能力。老板的眼界、格局是最重要的，有眼界、有格局，加以工具，就能够看清企业的发展现状，看清整个行业的发展趋势，看清整个团队的状态。当你具备这样的能力后，你企业的发展前景已经高出同行，只要稍加一把劲儿，企业就能获得美好的未来。

# 学会观察企业的势

开车的朋友都有这样的感觉,坐在车里是看不见车头部分的,但在有障碍物的地方停靠时,却能完美避开障碍物把车子停好。司机靠的不是眼睛,而是多年开车的感觉。把这种现象挪用到观察企业势上同样适用。

如何把控企业势? 简单举例:你是做餐饮的,不看好自己的接待势,就开始盲目做活动引流,本来每天接待量是 300 人,做活动每天来 500 人,超出了自己的接待能力,结果不仅没赚到钱还把客户得罪了。这就是没有把控好"势"。应该审时度势,清楚自己的能力,进店超过 300 人就不接待了,要保证服务质量和体验效果就须把握"势"。

H 电器公司开发了一款电饭锅,没有把控运营势,渠道还没有打开、团队还没有组建好,就让产品进入省会商超,卖得非常火,结果被 D 公司看到, D 公司快速模仿、复制,在全国 3000 个成熟渠道快速铺货，在全国线上商品超市快速上架，H电器公司的电饭锅准备上全国商超渠道时，发现商超市场已被D公司的电饭锅占领，H电器公司没有把握运营势，还没有做市场，"先驱"已经变成"先烈"了。正确的应该怎么做？当自己的渠道还不成熟时，先在小城市测试，这样不容易被行业巨头发现，测试成功后，赶紧招商吸引合伙人和资本，不给行业巨头模仿的机会。这就是企业的运营势。下面详细分析企业的势。

## 一、老板势

我们出去参观，当你进入一家企业后，会有一个非常笼统的感觉；当你跟这家企业的老板交流一番后，对这家企业会有一个较为清晰的整体感觉。如果这家企业的老板在言谈举止间充满自信、充满力量，一般来说，他企业的发展必然不会太差。我们把这种凭借感觉做出的判断叫作"老板势"，本质上指的是一个老板的精气神、气势，千万不要小看这种气势，它是企业发展的精神支柱，是不可缺少的存在。

有一家企业经营了七八年，但是并没有太大的突破，企业规模基本没有变化，盈利情况也相对比较稳定。在进入企业实地考察后，发现这家企业没有太大的问题，内部的模式、机制、制度都比较合理，但企业为什么总在原地踏步无法往上走一个台阶呢？

原因很快找到了，出在老板自身。老板已经失去了创业时的动力，当企业步入正轨后，他把更多的精力放在了生活上，在他的潜意识里，只要企业维持正常运转，他就知足了。正是因为老板抱着这样的心态，在他的言谈中时不时出现"无所谓""差不多""都可以"这样的词汇，整个人的精神状态给人一种与世无争的感觉，企业有这样的领头人，想要往前迈一步真的是太难了。

长时间的平淡状态让这位老板失去了前进的动力，此时的老板是没有办法带领企业更上一层楼的，解决办法就是调整自身状态，离开企业出去走一走，去学习新的知识，或者去彻底放松自己，等到老板自己的状态变好后再回到企业做事。有句话说得很好，"兵熊熊一个，将熊熊一窝"，老板就是带兵打仗的将军，如果将军都没有精气神，没有必胜的信心，如何带领士兵去打仗？如何获得最终的胜利？

## 二、团队势

同老板势一样，团队势也是一种精气神的外在表现形式。如果一个团队没有精气神，做什么事情都没有太大动力，那团队势肯定是出现问题了，此时就需要帮助团队找回士气。一个团队跟随老板创业，艰苦奋斗两年后，企业进入正轨，此时老板依旧很有精气神，想带着团队继续拼一把，但却没有太大的进展，老板发现团队的力量没有以前那么强大了，尽管给团队的工资待遇已经足够，但大家似乎还是没有太高的热情。其实是团队的整体气势没有了，已经过了依靠金钱激励的阶段，此时老板需要做的是带领团队找回当年的气势，让整个团队的状态提升上来。于是这个老板用了个独特的办法，他给整个团队放了一个月的假，让大家出去游山玩水，所有的开支由企业报销，目的只有一个，就是让团队成员玩得开心、玩得尽兴，把内心积攒两年多的压力彻底释放出来。一个月后，团队回到企业后状态与之前大不相同，积极的心态和主动上进的势头，再奋斗两年都不成问题。

优秀的团队是支撑企业发展的基石，我们不要总想着让团队为企业创造价值，也要考虑团队的实际感受，一个团队疲惫了，是需要休息、调整的。不少老板根本不会顾及团队的感受，明明团队的气势已经不存在了，还一味地采用高压政策，一味地相信"棍棒底下出孝子"的理论，结果当然可想而知，要么团队解散，要么目标失败。还有一些老板很聪明，就喜欢给团队"画大饼"，画完一年又一年，"大饼"是画了不少，团队一点实际利益都没有得到，导致整个团队失去奋斗气势。此时，老板不想着去兑现"大饼"，还不断地给团队施加压力，画更大的"饼"，在团队的基本需求都没有满足的情况下让团队去奋斗，是根本不可能的事情。做企业不要要小聪明，更不要觉得员工比自己傻，每个员工的心里都有一杆秤，你对员工好，员工就会为企业创造价值，反之亦然。

## 三、产品势

做过企业的人应该都有这种经历，企业上市一款产品之初，销售十分火爆，随着时间的推移，渐渐不好卖了，甚至开始出现货品积压现象。其实这就是产品势出了问题，别人的产品都升级换代到 5.0 时代了，而你的产品依旧处于 1.0 时代。产品不好卖，产品势不存在，那企业盈利就会很困难。

如何解决产品势的问题？升级换代是一个普遍适用的办法，假设我们的产品上市时的版本是 1.0，当卖得比较火爆，其他企业极有可能推出同类产品时，产品就需要升级，立即升级成 2.0。当你的产品升级成功，那就抢先一步占据了市场，别人生产出 1.0时，你的产品已经是 2.0，这样你的产品势便会一直存在，企业效益也会越来越好。有些老板不是这样做的，也不是这样想的，当发现产品势已经不存在时，他们舍不得花钱去研发新产品，而是把心思用到了员工身上，制定各种高压政策，逼着业务员去玩儿命销售。产品本身已经不具备市场竞争力了，你还逼着员工去干，员工能做出业绩吗？员工能在你的企业赚到钱吗？员工都赚不到钱，企业靠什么盈利？

## 四、行业势

行业势的概念是比较容易理解的，我们经常说某某行业前景很不错，某某行业未来将会是主导，其实说的就是行业势。整体行业的势头很好，企业的生存空间相对会高一点，如果整体行业的势头不行，你的企业自然不会盈利。比如前两年的养猪业，当猪肉价格逐渐走高时，有人看到了这一行业未来三年的前景，果断投身养猪业，三年高峰期后，养猪业开始下滑，此时人家已经赚够钱了，放弃这个行业，开始物色更有前景的行业。

## 五、上下游势

你的企业可以独立存在于这个社会中吗？答案是不可能，任何企业的存在都会有它的上下游来支撑。比如一个图书公司，它的上游就是出版社、印刷厂，下游就是客户群、销售渠道，如果有一天出版行业的势头不好了，那这家图书公司的生存就会受到影响，又或者是客户群体萎缩了，同样会受到影响。所以，做企业不仅要把自己的企业经营好，还要观察上下游势，一旦发现跟你合作的上下游企业没有了势，那就早点撤出来，更换新的上下游企业。

相较于其他几个势，上下游势是重中之重。你企业上游合作企业的好与坏，直接关系到企业生存，你企业下游合作企业的好与坏，直接关系到企业未来的发展空间。所以，我们把上游势称作企业的生命线，下游势称作企业的发展线，这两条线需要同时保持好势头，只要有一方出现问题，另一方必然受到影响，企业的整体生存和发展都会受到波及。

我们可以把上下游势看作企业发展的风向标，辅助老板做决策。假设你的企业有一个上游合作企业，这家企业已经开始走下坡路，那你就要考虑要不要继续合作，要不要提早更换势头更好的合作伙伴。若是你的下游合作企业出现问题，尤其是连锁、代理行业，下游加盟商的自身经营已经出现问题，根本没办法给你带来利润，你就要考虑要不要继续给这些下游合作企业政策、资源。在这种形势下，你给到它也是浪费，它没有能力去消化，还会拖垮你自己的企业。所以说，无论是上游合作企业还是下游合作企业，只要看到它们的势不在了，企业效益开始下滑，就果断更换。

在笔者看来，中小企业的老板是最具创造力的，他们中的大部分有志向、有精神、能吃苦、踏实肯干。我们不仅要保持这些良好的特质，还要学会经常"看路"，一味地靠蛮力，企业的发展之路就会走得艰辛一些，我们可以去看看别人的企业是怎样做的，整个行业的发展前景怎样，自己上下游的企业是怎样的情况，当我们能逐渐看明白这些大势时，就相当于给自己找了一个指路明灯，只要我们做得不是太差，企业的发展相对而言就会比较顺利。

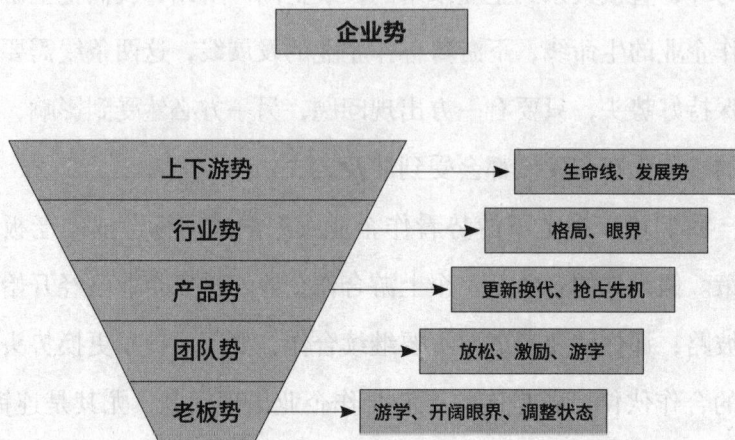

企业势要素

在我们不断培养自己的宏观判断力的过程中，我们自身的眼界、格局也会不断提升，眼界、格局打开了，企业的发展自然会变好，企业规模也会变大。一个心胸狭窄的人做企业，他的企业不会做得太大，也不会做得太好，因为他自身的格局限制了企业的发展，而那些真正做出一番事业的大老板，他们本人的胸怀也更大，有大志则成大事。

笔者一直在强调老板自身的修养、眼界、胸怀、格局，是因为一个企业是否具备真正的文化落地能力，是否具备真正的执行能力，其核心还是在老板。如果老板自身能力不够，文化是没办法落地的。做企业，先修身，再做事。把自己修炼好了，你自身的能力已经远高出你做这件事的需求，那么做起来就会很顺利，就好比一个大学生去做小学题一样。

明确战略、明确组织架构、有了文化、把控好企业的各种趋势以后，企业就可以正式运营了。要想把运营做好，先要让大家都愿意努力干，如何解决这个问题？这就是下节要讲的薪酬设计，薪酬设计合理，员工自然有工作动力。

# 第四章

# 企业薪酬分配机制

　　薪酬往往是劳资双方关注的焦点，员工总想多拿钱，老板总想压缩成本。老板给的薪酬少，企业招不到人；老板给的薪酬多，企业负担不起。如何平衡薪酬与员工、企业之间的关系，既能让员工开心工作，又能让企业有效益，这就是薪酬分配所要解决的问题。

# 薪酬设计的基本方式

当前，中小企业的薪酬分配现状真的不容乐观，大多数企业的薪酬只有两个模式：固定薪酬、绩效。对企业里的后勤人员基本都是固定薪酬，对销售人员基本都是底薪＋绩效。后勤人员干好干坏每个月都是固定工资，稍微植入一些考核机制，后勤人员就满嘴抱怨，甚至辞职，为什么会出现这种情况？你每个月给人家4000元的工资，同行业也是4000元的工资，你还要考核人家，那后勤人员为什么要拿着同样的工资，还要接受你的考核呢？大部分中小企业对销售人员则是每个月能出多少业绩就算多少，本来销售人员就不好招，再搞出一堆乱七八糟的考核，销售员溜得更快。种种原因导致如今大多数中小企业的薪酬分配比较死板和僵化，鲜有创新和变通。

因为没有好的薪酬分配机制，一些企业依旧停留在不断招人、不断走人、不断出问题的阶段。解决薪酬分配问题，先要了解究竟什么是薪酬分配。从设计方式来看，薪酬有两种模式。第一种是动态薪酬，凡是绩效薪酬、考核薪酬、分红、奖金、津贴等，都属于动态薪酬，这些薪酬的具体数额是不固定的。第二种是静态薪酬，就是指固定工资，通常会在后勤保障类岗位上使用固定薪酬，此类岗位一般工作难度低。

从分配内容来看，薪酬可划分为四类：第一类是固定薪酬，主要指固定薪资、固定福利；第二类是绩效薪酬，主要是员工目标完成度，目标的增量、超量，根据目标总量做绩效，从而确定薪酬；第三类是激励薪酬，主要是老板用于激励员工更好地工作而发放的薪酬，主要指分红、津贴；第四类是股权激励薪酬，主要指员工在企业里的身股、期权、股权。不同的薪酬所产生的效果不一样、达到的目的不一样，四类薪酬所产生的不同效果，主要作用又可分为四个维度：薪资、考核、晋升、激励。

薪酬是劳资双方关注的焦点，也是产生矛盾的关键点，员工总想着从企业里多拿一些钱，老板则想着压缩开支，这似乎是一个与生俱来的矛盾体，很难有好的解决办法。其实，我们之所以要做薪酬分配，就是要合理地解决这个矛盾，让老板痛快分钱，让员工开心工作。多数老板都在担心一个问题，给员工的钱少，招不来人；给员工的钱多，企业又负担不起，如何解决这个难题？要从薪酬分配开始做起。假设你的企业以高出同行 20% 的薪酬标准去招人，很容易就能招到，如果你的企业以超出同行 50% 的薪酬标准去招人，你招进来的员工就能全力以赴去工作。很多老板开始担心起来，如此高的价格，我的企业怎么负担这笔开支呢？其实你所有超出同行的投资都会从员工自身得到回报，你从员工身上能够获得超出同行20%、50%，甚至更多的价值。

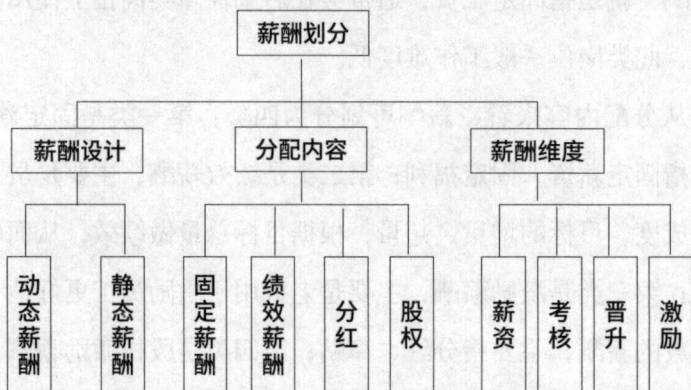

```
                        ┌─────────────┐
                        │  薪酬划分   │
                        └──────┬──────┘
        ┌──────────────────────┼──────────────────────┐
   ┌────┴────┐           ┌────┴────┐            ┌────┴────┐
   │ 薪酬设计│           │ 分配内容│            │ 薪酬维度│
   └────┬────┘           └────┬────┘            └────┬────┘
    ┌───┴───┐        ┌───┬───┴──┬───┐      ┌───┬──┬─┴─┬───┐
  ┌─┴─┐  ┌─┴─┐    ┌─┴─┐┌┴─┐┌─┴┐┌┴─┐  ┌┴┐┌┴┐┌┴┐┌┴┐
  │动 │  │静 │    │固 ││绩││分││股│  │薪││考││晋││激│
  │态 │  │态 │    │定 ││效││红││权│  │资││核││升││励│
  │薪 │  │薪 │    │薪 ││薪││  ││  │  │  ││  ││  ││  │
  │酬 │  │酬 │    │酬 ││酬││  ││  │  │  ││  ││  ││  │
  └───┘  └───┘    └───┘└──┘└──┘└──┘  └─┘└─┘└─┘└─┘
```

薪酬结构划分

某家餐饮店招聘服务员，同地区、同行业服务员的薪资标准是4000元，老板花5000元招到一个服务员，这个服务员进入企业后，他会不会有离职的念头？绝大多数情况是不会的。

老板给员工定了工作目标，加入了考核工具，此时员工会不会有离开企业的念头？依旧不会，因为老板给的钱多，员工即便被考核，也是比较乐于接受的。当然，企业考核的力度要与员工的薪酬相匹配，不能以月薪8000元的标准去考核月薪5000元的员工，要在一个适当的范围内，要控制在超出同行业1000元的薪酬标准之内，否则员工就会离职。

只要员工每个月达到考核标准，那他实际创造的价值就是5000元，企业的支出成本其实没有变化。这种方式叫作"高人效、高工资"，你给的工资越高，员工的工作效率就越高，给企业创造的价值就会越大，只要人效提上来，企业盈利就会成倍增长。

既然员工的薪资很高，那企业如何判断员工所产生的价值是否达标呢？是否为有效劳动成果呢？简单归纳，可以用四个字来判断，"多、快、好、省"。"多"指员工的业绩多、结果多；"快"指工作效率快，如提前完成目标等；"好"指员工的工作质量好，如一次性合格率高；"省"指员工在保质保量的前提下，能为公司节约成本。

## 盈利工具（3）：薪酬设计方式

由于不同企业所属的行业不同、性质不同、规模不同，薪酬设计落地时的一些具体操作步骤也有所不同。从企业架构、不同岗位、不同层级等方面出发，我们可以灵活选择薪酬设计方式，如底薪＋绩效、底薪＋身股、底薪＋绩效＋分红＋股权等。

举例说明，如果按照企业员工的层级来分配薪酬，选择"底薪＋绩效"的方式，那企业的薪酬可以设计为：基层员工的底薪占全部薪酬的90％，绩效占全部薪酬的10％，假如基层员工的总薪酬是5000元，那底薪要给到4500元。如果底薪给得少，员工会没有安全感，因为他根本不确定在你的企业能拿到多少绩效，所以对于基层员工一定要"高底薪、低绩效"。中层员工的底薪在他的全部薪酬中占比 60%，绩效占比 40%。因为中层已经在企业中工作一段时间了，他们大致清楚每个月能拿到多少绩效，所以绩效比例要高一些。底薪是为保障员工的基本生活，绩效是让员工生活得更好。高层员工的底薪要低一些，保持在 20%，绩效在 80%，因为高层在企业中已经很稳定了，他们很清楚企业一年能赚多少钱，此时底薪对于他们来说已经不太重要了，高额的绩效工资才是他们较在意的。

按照这样的分配逻辑去设计薪酬，问题不会太大，但既然要落地，就要往更细节的地方去考虑，想得越细致，落地的成功率才会越大，落地后所产生的价值才会越大。

接下来再考虑，员工的底薪应该怎样设计。一般情况下，员工的底薪是由基本工资＋考核工资组成的，所针对的群体不同，基本工资和考核工资的比例就不同，同样属于高层，一线高层负责生产，那他的考核工资占比就要小一些，二线高层提供保障服务，那他的考核工资占比就要大一些，同理也适用于中层、基层。

高层中的一线员工，他们的底薪一般占总体收入的 20%，其中 10% 属于考核工资。考核工资根据目标完成情况分配。高层中的二线员工，他们的底薪占总体收入的 50%，其中 30% 属于考核工资。二线的工作重点是完成既定目标，他们基本没有业绩，所以必须考核目标完成率，考核比例自然会变高。假如高层的月薪是 1 万元，一线高层的底薪是 10000 元 ×20%，也就是 2000 元，考核工资就是 2000 元 ×10%，也就是 200 元，中层、基层的算法同样。中层中的一线员工，通常底薪占总体收入的 35%，其中 15% 属于考核工资。中层中的二线员工，底薪占总体收入的 65%，其中 25% 属于考核工资，二线主要是服务于一线的，基本没有业绩，需要给一个相对较高的底薪，能保障他们更好地生活。基层一线员工的底薪占总体收入的 40%，考核工资为 0。基层的一线就是奔赴前线业务的，是靠绩效提成吃饭的，所以底薪板块不做任何考核，只要你来公司做业务即可，没有任何考核，出业绩即可。基层中的二线员工，底薪占总体收入的 75%，其中 20% 属于考核工资，基层二线以服务为主，没有业绩，底薪必然要给得高一些，否则招不来人，招来了也留不住。

　　薪酬设计的比例不是固定不变的，需要根据实际情况去做调整。比如，企业希望用更大力度去激励员工努力工作，那就把绩效提高一些，分红、期权、股权给多一些；如果想要快速招聘新人，那就把底薪提高一些，绩效降低一些。总之，一切的薪酬设计都是根据企业的自身需求而定的，在满足企业需求的同时兼顾人性，所有的薪酬设计都要以人性为基础。

```
              ┌──────────────┐
              │  底薪＋绩效  │──────────┐
              └──────┬───────┘          │
                     │              ┌───▼────┐
                     │              │  考核  │
         ┌───────┬───┴───┐          └───┬────┘
         │       │       │              │
      ┌──▼─┐ ┌──▼─┐ ┌──▼─┐      ┌───────┼───────┐
      │基层│ │中层│ │高层│      │       │       │
      └┬─┬─┘ └┬─┬─┘ └┬─┬─┘   ┌──▼─┐ ┌──▼─┐ ┌──▼─┐
       │ │    │ │    │ │     │基层│ │中层│ │高层│
```

| 底薪90% | 绩效10% | 底薪60% | 绩效40% | 底薪20% | 绩效80% |
|---|---|---|---|---|---|

基层　一线　二线　　中层　一线　二线　　高层　一线　二线

| 底薪40% | 底薪75% | 底薪35% | 底薪65% | 底薪20% | 底薪50% |
|---|---|---|---|---|---|
| 考核0 | 考核20% | 考核15% | 考核25% | 考核10% | 考核30% |

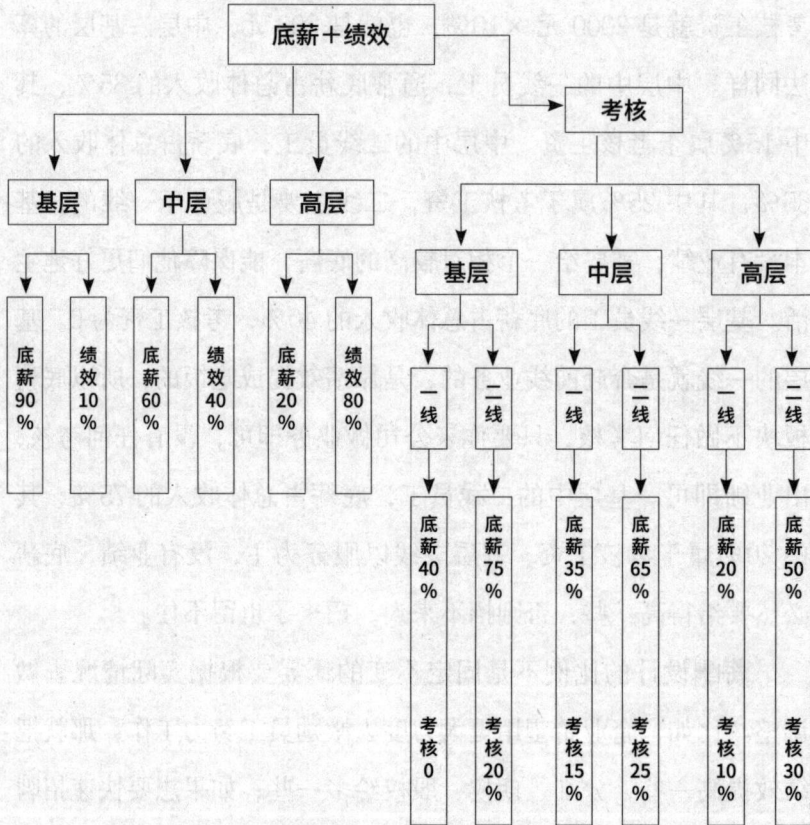

薪酬分配占比

# 薪酬设计的基本逻辑

大多数企业在创业初期的薪酬分配方案是很简单的，比如，每月给员工的只有固定工资，不管干好还是干坏，年底时再给一点分红。还有一些合伙人创立企业，在最初时大家根本没有工资这个概念，完全就是凭着一股子冲劲儿在做事情，等到年底时每个合伙人拿一些分红，就算作工资了，此时的企业比较穷，大家拿到的钱都差不多，所以不会因为薪酬而产生矛盾，薪酬的设计相对也就简单许多。

在经历了艰苦的创业期后，企业发展转好，此时企业内部的人员数量变多了，部门也健全了，一些制度也开始落地执行，此时的薪酬结构也会由简单变复杂，会增加一些绩效考核、利润分红等。等到企业发展得再好一些，薪酬结构会变得更加复杂，出现底薪、股权、津贴、福利、考核、绩效等内容，复杂的薪酬结构是为了应对不同岗位的人才，薪酬做得越复杂、越具体，员工才越有动力。当企业慢慢进入衰退期，薪酬设计会由复杂变简单，因为企业衰退了，人员减少了，企业架构变得单薄了，此时的薪酬设计自然会简单许多，当企业从衰退再次发展起来后，薪酬也会跟着复杂起来，如此循环往复。

企业整体的薪酬设计情况便是如此，在具体到企业的某一阶段、某一部门、某一岗位时，就需要一套比较完整的设计逻辑了。举例说明，企业里的宣传部如何设计薪酬。宣传部的成员有宣传主管、宣传专员、文案专员、策划专员，宣传主管是宣传部的负责人，他的岗位责任是带领整个部门维护企业形象，打造企业品牌知名度。如果在职期间出现了有损企业形象的舆论，就是宣传主管的责任，该扣绩效就扣绩效；如果在此期间企业形象得到提升，那就要给予奖励，阶梯式分红也好，系数分红也好，一定要把奖励给到位。文案专员的薪酬与宣传主管的又不一样，文案专员的主要工作目标是写出好文案，为企业形象加分，那在文案专员的薪酬结构中，如果文案在发布后得到良好的阅读量、好评量，就要给予奖励。比如，每增加1万阅读量额外奖励500元，奖励给到位，员工自然会充满干劲儿。

在一个企业中，部门不同、岗位不同，薪酬设计就不同，其目的也不同。比如，对于企业的技术人员，薪酬设计的目的是让他们不断创新技术，提高企业核心实力；对于带领团队的人员，薪酬设计的目的就是要他凝聚团队，带好队伍。如果我们发现薪酬设计好之后，没有达到预期目标，只能说明我们的薪酬设计出了问题。比如，对一个工厂的工人，老板的目的是想让工人细心一些，多生产出一些高质量的产品，于是给工人的薪酬设计是这样的：月度目标8000件产品，每超出目标100件产品，额外补贴100元。月底工资结算时，这名员工生产了10000件产品，老板开心得不得了，然而质量过关的只有7000件，工人光顾着冲数量，完全没有把控质量。这是工人的错吗？当然不是，这是薪酬设计出错了，只要加上一句"质量达标"，结果就会大不相同了。

## 盈利工具（4）：岗位薪酬设计逻辑

不知道大家有没有这样的经历，在给一个岗位设计完薪酬后，换成下一个岗位时突然不会做了，就像子弹卡壳一样。这并不是因为我们没有学好，而是对岗位薪酬的底层逻辑还没掌握。在设计任何岗位的薪酬之前，第一件事是定岗，找到这个岗位的对标目标，看一看同行业这个岗位的薪资水平。比如，企业给助理岗位定岗，如果同行业助理岗位的薪资标准是4000元，那我们就给助理岗位开5000元的工资。为什么要多给？因为我们从第一步定岗开始就要走"高工资、高人效"的形式，5000元招聘来的必然是能够创造5000元价值的人。假如我们花2000元招聘了一个助理，这样的助理你敢用吗？搞不好就给你拆台了，犯个错就够企业忙活的了。

企业定岗要多给薪酬，基本稳定在高出同行15%～20%的样子，工资给得高才能吸引有能力的人才。当然，高工资不是白给的，是期望员工用更高的价值回报企业，如何让员工爆发更高的动能，那就得依靠考核，具体考核什么事项，由老板决定。比如招聘一个总经理助理，他的主要工作是上传下达，那就重点考核是否具备上传下达的能力，只要达到考核标准，那他所产生的价值就能把高出同行业20%的薪资赚回来，甚至可以多倍回报给企业。

定责、定目标，岗位职责要划分清楚，岗位目标要明确。仍拿总经理助理来说，他的岗位职责是辅助总经理的各项工作，比如提醒总经理在合同上签字，总经理工作日程安排等。假如因为助理的工作疏忽，导致总经理没能参加一场重要会议，那就属于助理失责。定目标就是给助理这个岗位划定一个总体目标，只要助理的工作达到这个目标，就能获得应得的薪酬。

总之，岗位薪酬的设计逻辑应该是用超出同行标准的薪酬定岗，通过考核让岗位产生更高的价值。当企业整体薪酬都普遍较高时，员工所创造的价值就会成倍增长，企业盈利也会快速上升。像华为、小米、抖音、腾讯等企业采用的都是"高工资、高人效"的模式，受到高学历、高学位者的青睐。哪怕工作时间长一些、考核条件苛刻一些，也大多能接受，因为企业给出的工资高，这是重点。

# 薪酬设计的落地步骤

薪酬落地，三个步骤是至关重要的，第一步是战略落地，在设计薪酬前一定要清楚自己的企业战略，因为所有形式的薪酬设计都是为了完成企业的大战略，也可以说，薪酬是在满足企业的战略需求。第二步是根据企业战略制定合理的管理架构，只有管理架构足够清晰，薪酬的设计才会明确，否则我们的薪酬设计出来就是一团糟，会出现多岗同薪、高岗低薪的现象，这对于企业发展是致命的。第三步是定岗，也是最重要、最复杂的一步，同时也是薪酬落地最核心的一步和最后的落脚点，定岗出错，一切白费。

定战略　定架构　定岗位

薪酬落地三步骤

## 盈利工具（5）：薪酬落地

有这样一个问题：薪酬究竟指的是什么？大多数人会立刻想到就是给员工的工资，工资就是薪酬。其实，薪酬是可以分开来看待的，其中的"薪"指的是企业必须给员工的，也就是所谓的底薪、提成等，这部分是员工维持企业正常运转所必须给的，叫作"薪"。"酬"指的是企业可以给员工又可以不给的，如奖金、津贴、分红这类，"酬"是在基本的"薪"之外额外附加的，目的是激励员工，告诉员工要努力工作，多劳多得。既然"酬"是可给可不给的，那企业为什么还要给？原因很简单，这些额外给予的东西是为了让员工完成企业的目标，只要完成目标，员工就可以拿到额外的"酬"。

企业如何制定目标？原则上有三个：第一个是保底目标，只要员工达成这个目标，就能获得相应的"薪"，没办法拿到"酬"；第二个是平衡目标，指员工的目标完成度超出保底目标的标准，但超出又不是很多，此时员工不仅能得到应有的"薪"，还能得到一定的"小酬"；第三个是冲刺目标，在平衡目标的基础上再上升一个层次，需要员工加倍努力才能完成，只要完成冲刺目标，不仅能得到"薪"，还能获得"大酬"。事实上，这种目标划分方式就是企业的三级目标，三级目标存在的意义就是提高员工的人效，让每一个岗位都爆发出应有的价值。

在一个企业里，老板如何去制定保底目标、平衡目标、冲刺目标？制定这些目标的依据是什么？总不能凭着感觉随便制定吧？举个例子，假如老板要给人事专员定三级目标，首先是确定保底目标，那就需要先搞清楚人事专员岗位此前的工作情况，假设此前的工作情况是1，那么保底目标也要设置成1，这种方式叫作"看历史定保底"，根据岗位的历史工作情况确定保底目标。其次是制定平衡目标，有了保底目标，平衡目标就比较简单了，用保底目标1乘以1.25或1.35，也就是说，平衡目标的上升幅度最好控制在25%～35%。最后是确定冲刺目标，在平衡目标的基础上再增长25%～35%。比如，保底目标是10000，那平衡目标就是 $10000 \times 1.25 = 12500$，冲刺目标是 $125000 \times 1.25 = 156250$。搞清楚以上薪酬理论后，我们需要做的就是落地，把薪酬落地在一个个具体的岗位上，我们的薪酬设计才算成功。

举例说明，一个员工进入企业张口要100万元年薪，企业首先要计算付给这个员工100万元年薪，他所要达到的目标业绩是多少，通过计算得出，这个员工如果能完成1亿元的业绩目标、1000万元的利润，那企业就可以支付给他100万元的年薪。有了这个数据后，企业会告诉员工："100万元的年薪没有问题，如果你能达到1亿元的业绩目标。"此时员工也会考虑自己能否完成这个目标，经过一番斟酌，员工觉得能完成，于是便和企业达成了良好的合作关系。

100万元的年薪结构如何划分？一定要包括分红、绩效、考核、提成等内容，如果没有这些内容，这个员工很可能完不成目标。因为人都是有惰性的，需要督促才能不断前进，这不仅是为了企业的利益，也是为了员工的利益，因为企业与员工已经提前约定好了，达成目标才能获得 100 万元年薪，因此，若是达不成目标，员工自身的利益损失会更大。

　　具体如何分配提成、绩效、考核这些内容，就要根据企业实际情况而确定了，一般情况下，企业可以按 15% 作为底薪，5% 作为考核，20% 作为业绩提成，50% 作为利润提成，10% 作为各类补助奖金的结构去设计。具体如何分配，一定要根据企业实际情况确定，原则只有一个，不管薪酬结构简单或复杂，目标是要激励员工完成企业规定的年度目标。有了大致的薪酬比例后，就要计算员工每个月的薪酬，总薪酬是 100 万元，15% 的底薪就是 15 万元，一年有 12 个月，150000 元 ÷ 12 = 12500 元，则这个员工的每月底薪是 1.25 万元，考核薪酬是 5 万元，业绩提成是 20 万元，利润提成是 50 万元，补助奖金是 10 万元。

　　细心的读者朋友可能已经发现了，既然已经知道员工的业绩提成总额是 20 万元，利润提成总额是 50 万元，那在实际操作时，企业给员工的具体提成比例是多少呢？我们要给的业绩提成的比例，用业绩总额 20 万元除以总业绩 1 亿元，得到的系数是 0.002，也就是 0.2%，员工做出业绩后，就按照 0.2% 的比例给提成，比如员工第一个月做出了 100 万元的业绩，那他得到的提成就是 100 万元 × 0.2% = 2000 元。利润提成的比例就是用员工的利润总额 50 万元除以总利润 1000 万元，得到的系数是 0.05，也就是

5%，如果员工第一个月做了 100 万元业绩，利润是 10 万元，10
万元×5% = 5000 元，按照这样的提成比例，员工最终得到的总
薪酬就是 100 万元。

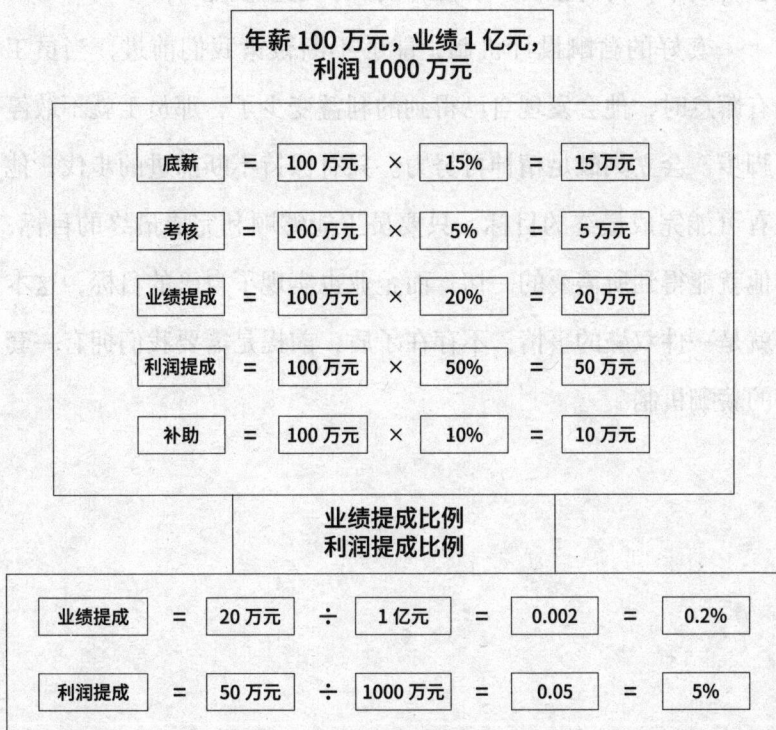

<br>

**年薪 100 万元，业绩 1 亿元，利润 1000 万元**

| | | | | | | |
|---|---|---|---|---|---|---|
| 底薪 | = | 100 万元 | × | 15% | = | 15 万元 |
| 考核 | = | 100 万元 | × | 5% | = | 5 万元 |
| 业绩提成 | = | 100 万元 | × | 20% | = | 20 万元 |
| 利润提成 | = | 100 万元 | × | 50% | = | 50 万元 |
| 补助 | = | 100 万元 | × | 10% | = | 10 万元 |

**业绩提成比例**
**利润提成比例**

| | | | | | | | | |
|---|---|---|---|---|---|---|---|---|
| 业绩提成 | = | 20 万元 | ÷ | 1 亿元 | = | 0.002 | = | 0.2% |
| 利润提成 | = | 50 万元 | ÷ | 1000 万元 | = | 0.05 | = | 5% |

薪酬计算公式

我们是以年薪 100 万元为例来做的薪酬设计，假设换成年
薪 50 万元、20 万元，薪酬的设计步骤也是如此。之所以要如此
复杂地去设计薪酬，最终目的还是要激发员工的潜力，让员工更

有动力去工作。如果说我们给员工的年薪为 100 万元，每个月支付员工 8.3 万元的工资，你觉得员工会努力完成企业规定的目标吗？大概率不会，因为员工每个月挣到的钱太轻松了，人的惰性就会冒出来，再有志向、有能力的人，也会被拖垮的。

一套好的薪酬设计机制，能够不断鞭策我们前进，当员工稍有懈怠时，他会发现自己得到的利益变少了，那员工就不敢停下脚步，会立刻鼓足精神再努力。只有保持不断前进的步伐，他才有可能完成最终的目标，只要员工能够顺利完成最终的目标，那他就能得到所需要的一切，而企业也实现了自己的目标，这本身就是一件双赢的事情，不存在矛盾，前提是需要我们拥有一套好的薪酬机制。

# 销售岗薪酬落地

　　薪酬设计在整个企业管理体系中占据很重要的位置，我们在学习、落地的过程中，必须要先搞清楚这些知识的底层逻辑，千万不要着急去落地，因为一旦薪酬落地，再想改变就十分困难了。比如，我们在薪酬设计时给出的提成比例过高，经过一段时间试验后，发现员工拿到的提成高于自身产生的价值，而企业不仅没有获得更大的盈利空间，反而开始赔钱，此时难道要降低员工的提成比例吗？很难，给出去的钱再想拿回来，几乎是不可能的。

　　为了让大家更好地理解薪酬设计的逻辑，在这一小节中单独拿出销售岗位的薪酬设计逻辑给以详解。销售是企业生产经营活动的最后一个重要环节，是企业的经济命脉。在做销售岗位的薪酬设计时，我们的核心目的是要让销售更有动力，只要销售不停地出业绩，企业的盈利就有保障。按照薪酬设计的整体逻辑：定战略、定架构、定岗位，企业的战略、架构确定后，按照定岗的逻辑去制定销售岗位的薪酬，步骤如前文所述，先找到同行业销售岗位的薪资标准，然后根据企业实际情况制定薪酬，最好能高出同行业标准的 15%～20%。企业给的薪酬多，招聘就会变得相对容易些，销售员进入企业后，工作动力也会变大些。想要让销售员更加努力地工作，给出的提成必须要高，可以有绩效，但不能有考核，一旦开始考核就容易把销售员"考"走。销售岗是一个需要有竞争的岗位，薪酬设计千万不能"差不多""平均"，一定要有高有低，高工资的销售员月入几万元，低工资的销售员月入几千元，这在销售岗位都算正常的。

有这么一个老板，他的企业不赚钱，但每个月给销售员的工资却不低，有七八千元，基本上是超出同行 20% 的水平，企业每个月的盈利空间非常有限，甚至有时候入不敷出。但这个老板还挺自豪的，遇见相熟的企业家，都会介绍说："我的员工每个人都有七八千的工资，企业的福利待遇非常好，有奖金、分红、期权。"最后，这个老板实在扛不住了，虽然员工赚得都不少，但企业不赚钱呀，直到有一天，这位老板的朋友问了他一句话："假如你企业里有能力的人工资七八千，那些混日子的也是七八千，你觉得这样合适吗？"一语点醒梦中人，老板顿时醒悟过来，有能力的人拼死拼活干一个月和混日子的人拿的工资一样，这样的企业能盈利就奇怪了。朋友继续说道："销售岗，应该有巨大的收入差距才对，能干的月入 10 万，混日子的月入两千，你不要害怕公司倒闭，假如你有 20 个销售员，只要有 3 个特别能干的，每个月有 50 万元的业绩，你的企业就会照样盈利，而那些混日子的要么辞职，要么奋发图强做业绩。"

老板觉得很有道理，打算立刻重新设计薪酬分配方式，却被朋友阻止了，朋友说："你企业里的销售员，都习惯了这种平均主义，现在你突然拿出新的薪酬分配方式，他们是没办法接受的，搞不好会集体离职，到时候你怎么办？恐怕连正常运转都成问题。"老板顿时发愁起来，继续向朋友请教，朋友出了个主意：先从外面花高价请一个有能力、有经验的销售员回来，假如这个销售员要 2 万元月薪，就告诉他企业可以满足他的薪资需求，但有一个要求，必须完成目标，只要完成目标，立刻兑现承诺。试用一个月后，这个销售员做了 50 万元的业绩，完成了企业的目标，自己也顺利得到 2 万元的薪资，此时企业里已经有一个"榜样"了，有人拿到 2 万元的月薪了，那其他老销售员会怎么想？多数也想拿到这样的高额提成。

在朋友的建议下，老板并没有着急，而是继续以这种方式招聘第二个、第三个有能力的销售员，一段时间下来，企业里有 3 个人的月薪经常是几万元，剩余的老销售员开始坐立不安了，有上进心的要求老板改变薪酬方式，没有上进心的选择离开企业，因为他们内心无法接受如此悬殊的工资差距，自己又不想努力，只有离职了。

慢慢地，老板通过这种方式将销售员替换了一批，淘汰了一批，剩下来的都是有能力的人，整个销售团队的战斗力提升起来了，大家开始你追我赶地工作，这个月有人拿到 5 万元，下个月就有人拿到 6 万元，整个销售团队已经大换血，此时老板再植入一些 PK 机制、分红机制，那企业想不盈利都难。

如果把销售岗换成后勤岗应该怎么做？底层逻辑是相通的，根据岗位性质去设计就可以了。企业对后勤岗的要求就是节省内耗，减少开支，在设计薪酬时就要多用考核、多用机制，只要企业考核勤一点，后勤岗就能减少内耗。

不知道大家有没有发现，企业内部的很多问题和矛盾，其实都出在"钱"上，老板的最大任务是把钱分好，老板跟员工之间是合作关系，而合作关系的重点就是分钱，把钱分清楚、分明白，合作关系才会长久，才能合作愉快。分钱的核心就是让员工从"为老板干"变成"为自己干"。试想一下，当员工觉得自己在给自己干时，那工作状态就会大不相同了，他会用 100% 的努力去完成一项工作。如果员工认为自己是在给老板干，那他可能只会用 50% 的努力去完成一项工作。这就是分钱的核心意义，也是所有老板应该清楚的核心理念。

分钱很重要，但老板也要懂得灵活使用，不一定非要分企业当下的钱，也可以分企业未来的钱。所谓企业未来的钱，其实就是老板的一个承诺，如期权、身股，这些本质上就是在分企业未来的钱，并没有当下给到员工实实在在的金钱。分未来的钱看似很容易，但是如果分不好，对企业的伤害同样是致命的，不要以为反正分未来的钱就是自己一句话的事，那样就大错特错了。

　　打铁还需自身硬，老板想要分未来的钱，必须要有一个良好的信誉，至少要让员工相信你所说的一切都是真实的，都是可以兑现的，相信只要他们足够努力，达成未来的目标，那未来的钱他们就一定能获得。这是双方之间的信任，也是人与人之间的信任，只有建立在这个基础之上，老板才能把未来的钱分出去，才能用未来的钱激励当下的员工。现如今有太多老板在随意分未来的钱，分出去就不管不顾了，将来一旦这些未来的钱变成现实，老板一张大手直接全部拿到自己兜里，连口汤都不给员工喝，这种事情太多、太常见了。虽然这样的老板会暂时得到一大笔钱，但这样的企业是没有未来的，因为一个失信于人的老板是没办法在这个大环境下生存的。

　　言归正传，老板分钱是必须要做的事情，你把钱分出去，是用钱来换取别人的能力，让别人为你创造价值，钱分出去的越多，聚拢回来的人心就越多。试想一下，如果你把钱分给100个人，那这100个人就会全力以赴支持你往前走，你的企业将会变成大企业；假如你把钱分给1万个人，那在你的背后就会有1万个人坚持不懈地支持你，你的企业将会变得更大。这就是分钱的意义，也是我们耗费大量精力做薪酬设计的目的。

# 后勤部门薪酬落地

　　我们这里所提到的后勤部门是一个笼统的概念，主要指那些在企业中不产生业绩的部门，如人事部、行政部、财务部、宣传部等，这些部门本质上是为企业运转提供后勤保障，所以本书中我们把这些部门笼统归为后勤部门。几乎所有的企业都一样，在设计后勤部门的薪酬时，与销售岗的区别还是很大的。在本书后续篇幅中会详细介绍"功分工具"，这是一种能够很好地将后勤部门工作数字化的工具，在落地后勤部的薪酬时先植入功分工具，能使薪酬设计更加合理，更好地激励后勤部门的工作积极性。

　　后勤部门薪酬设计的第一步是植入功分工具，需要特别注意的是，功分一定要公平、公正，永久记录、永久有效，老板在这一阶段要以身作则，给全体做一个好榜样，不能说跟谁的关系比较好就多给一点分，跟谁的关系不好就少给一点分，那样就失去了这套工具本身的价值。第二步是考核，后勤部门的考核原则上要简单，因为我们都是中小企业，没有那么大的人力、精力去考核。考核的要点只有一个，在乎什么就考核什么，其他事情先暂时放一放，等企业有实力、有资本后，再去完善。千万不要搞一大堆的考核事项，结果落地后发现根本没办法执行，或者还没等到薪酬真正落地，员工已流失了一大半。第三步是让企业内部"客户"来评分，确定后勤部门的绩效是否发放，这里的"客户"指企业内部运营链条上互相制衡的部门，前文有过解释，销售制衡客服，客服想要拿到绩效就需要销售打分，合格后再发放绩效，这种方式的根本目的是提高企业后勤部门的工作效率。

一个企业要招聘人事专员，调查后了解到当地同岗位的平均薪资是 3000 元，于是老板花 4000 元招聘了一名人事专员。这位老板使用的是底薪 + 绩效的薪资方式，绩效占比 50%，之所以使用如此之高的绩效，是根据企业实际情况而定的，因为老板想要一个有很高工作效率的人，最好一个人能做两个人的事。

老板找来人事部主管，让主管做一份考核事项，主管罗列出几十条考核内容，老板看完后直摇头，光是这些考核事项恐怕就需要很长时间才能完成，这样的考核注定是没办法落地的，于是老板精简后只保留了两项，第一项是每月招聘新人的数量，第二项是组织活动的能力。对于老板而言，只要人事专员能在这两项考核上达标，那他的工作就已经做到位，至于其他的都是小事，暂时放一放。

试用两个月后，人事专员的工作非常出色，一个人的效率能顶上两个人了，于是老板做了一个大胆的决定：精兵简政，把以前两个人的工作交给他一个人去做，同时将薪资提高到6000元。员工很开心，现在他的薪资水平已经整整高出同行业1倍了，别人才赚3000元，而他却是6000元；老板也很开心，以前两个人事专员的开支是8000元，现在的开支只有6000元，并且这个人事专员的能力还很强，是个值得培养的人才。

几个月后，企业又来了一个新的人事专员，老板这次很省心了，直接让老员工把自己的工作流程做了一份打印出来，在这个基础上降低一些标准，一份很好的人事专员的工作流程就出来了，让新人按照这份工作流程去做事就好。因为有了前面的样板，后面进来的新人工作也很高效。

从这个案例可以看出，后勤部门的薪酬设计很简单，不必太复杂，员工本来就只干那点事情，本身也没有业绩，如果搞得太复杂，员工是没办法接受的，即便你给出的薪资高，也不一定能留住人。一定要清楚一点，后勤部门的员工大部分都是抱着按部就班工作的心态，他们之所以没有选择销售岗，就是不愿意承受销售岗那样的压力。读懂员工的心态，去了解他们，才能更好地去使用他们。

有不少老板或许已经发现，后勤部门其实是一个很喜欢讲情面的部门，各部门私下的关系都很好，正是因为这一点，导致许多机制是没办法落地的。尤其是中小企业，后勤部门的人员只有几个人或者十几个人，这些人每天都在一起工作，相处也是有感情的，如果非要植入"冰冷"的各项考核工具，是一件不太现实的事情。不能为了植入这些考核工具，把整个后勤部员工搞得互相猜忌、互相抵触，如果真的那样岂不是顾此失彼。所以这就要求企业必须有一个良好的文化氛围，老板要起到带头的作用，在良好的文化氛围中，这些机制、工具才能真正落地，并且不会带来负面作用。

　　薪酬设计是企业盈利的"先锋官"，企业把薪酬设计好，就会拥有一个比较稳定的内部环境，若想在这样的环境下继续突破，单纯依靠薪酬就显得比较吃力了，此时就需要老板去考虑股权分配的问题了。要想留住高人，必须了解股权分配、期权分配、红利分配。

# 第五章

# 中小企业股权分配机制

　　股权分配的本质是完成公司股东跟高管团队之间、投资人之间、员工之间、外部合作伙伴之间，关于企业未来事业发展的深度思考和沟通。通过契约的达成，以及长效激励机制的保障，实现企业从"利益矛盾体"走向"利益共同体""事业共同体"乃至"命运共同体"。

# 企业股权合作机制

　　股权分配对于中小企业来说，是一件格外难以落地且让老板头疼的事情，企业规模小，老板怎么可能舍得给员工分配股权？优秀的员工没有股权，如何死心塌地地为企业工作？这本身就是一个矛盾体，是来自人性本身的固有矛盾。有些老板很大方，企业规模尚小时便做了股权分配，的确起到了良好的激励作用，随着企业逐渐做大，股权双方的矛盾也凸显出来，最后合伙变成散伙，这样的例子也不在少数。

　　怎样合理分配股权既能让企业得到发展，又能让员工踏实工作。核心只有一点，那就是基于人性来分配。清末巨商乔致庸，在他的商业帝国中，有这样一条股权分配机制：东家出银子开店，伙计占30%股份，东家占70%股份；伙计第一年达成目标，第二年股份分配变成伙计50%，东家50%；伙计第二年达成目标，第三年股份分配变成伙计70%，东家30%，此后一直维持这个比例。这样的股权分配，在当时社会中可谓独创，不仅让乔致庸的事业越发庞大，也让他成为富可敌国的大商人。直到乔家衰落时，乔家店铺里的伙计依旧在辛勤工作，因为这些伙计压根儿没觉得自己是在给乔致庸打工，而是觉得在给自己干，毕竟自己拿 70% 的股份，乔致庸才拿 30%。当笔者第一次看《乔家大院》这本书时，真的被乔致庸的魄力震撼了，在那样的时代背景下，能把大部分利益分给自己的伙计，这样的胸怀是一般人不具备的。

　　细想一下，我们自己的企业分了多少股份给员工？ 10%？ 20%？ 30%？ 甚至有些老板直到现在还是 100% 持股，一点股份都舍不得分给员工，这样的企业如何发展？ 就算把老板累死，也不会有太大的前景，因为你的机制不对，会直接抑制企业的发展。可能有人会说了，是不是把股份都分出去企业就能发展？ 只要股份分配合理，企业是必然会发展的。去看看华为、腾讯、阿里巴巴这些企业的股权，创始人手里的股权少得可怜，有些创始人持有的股权连 1% 都不到。我们应该向优秀的企业学习，不奢望变成下一个华为、腾讯、阿里巴巴，但至少我们要在行业里有一席之地，而想要达到这样的位置，股权分配是必经之路。

## 盈利工具（6）：股权合作机制

　　股权合作机制是股权分配的一种形式，强调的是"合作"，一方面指老板应抱着合作的心态给员工分配股权；另一方面指老板和员工之间不应该是雇佣关系，而是合作关系，因涉及股权分配，双方之间只有合作才能产生更大的利益，而不是老板逼迫员工去努力工作，为企业创造利润。我们通过一个案例来深入理解一下股权合作机制在企业中的应用。

某企业植入了晋升机制，培养出一批优秀的管理层人才，当这些优秀人才成功晋升后，老板已经没办法用薪酬留人了，分配股权势在必行。但是，老板的股权就那么多，分得少，员工不乐意；分得多，老板没办法接受。渐渐地，企业里能力超群的总经理有了自立门户的想法。

老板找到一位总经理，跟他这样说："我投资100万，咱俩合伙开一个新公司吧，你自己出去单干也是干，咱俩合伙的话，还有总部的照顾。"老板说完这番话，总经理心里很开心，他很清楚自己出去单干还有失败的风险，要是跟老板合作，不仅能拿到资金，还有总部的帮助，自己的成功率就会大大增加。老板接着说："咱俩合作，我给你20%的身股，年底按照比例给你分红。"总经理听完后想都没想就答应了，因为他不用出一毛钱，年底就能获得20%的分红，这是一件天大的好事，他认为是老板照顾自己，真心想要拉自己一把。

老板看见总经理很满意，接着说道："经营企业肯定会有风险，所以咱们从所有股份中拿出15%作为风险储备金，这笔钱一直存着，谁也不能动，假如咱们的新公司遇到了风险，这笔钱可用来救急，现在咱们的股权比例就会是我65%，你20%，风险金

15%。"总经理听完觉得很有道理，这笔风险金也没有影响自己的利益，所以很痛快地答应下来。

就这样，新公司成功运行1年，年终时总经理得到了分红，此时老板又找到总经理，对他说道："咱们新公司运营得还不错，你这一年也很辛苦了，你自己给今年再定一个目标，只要你完成目标，我再拿出13%的股份（身股）给你，让你也多赚点钱。"总经理心中一算账，原来是20%，再加上13%，那自己就有33%的分红了，这是一笔不小的数目，于是总经理立刻答应了老板的提议，并暗下决心明年一定好好干，干得越多，自己赚到的就越多。

新公司运营2年，风险储备金也在不断增加，这笔钱是谁也不能动的，一方面，能够给老板安全感，假如新公司运转出现问题，总经理退出了，此时老板就可以用风险储备金来解决问题，避免更大的损失。另一方面，有了风险储备金，即便新公司运营出现问题，总经理也不会承担太大责任，不至于跑路，至少有后备资金。所以，这个风险储备金每年都要留出来，并且要一直存着，不能动。

第二年年终，总经理得到了33%的分红，手里已经有了一定的积蓄，但他肯定不会满足的，老板又对他说道："这样吧，今年你再给自己定一个目标，如果你完成目标了，我把33%的分红权变成实股，折价卖给你。"总经理清楚实股的作用，只要得到实股，那他就是这家新公司的股东，但是老板要求出钱购买，从自己兜里往外掏钱，总经理多少有点不乐意。其实，老板早就想到了这一点，看见总经理犹豫不决的样子，果断说道："你放心，33%是实股，你尽管买，如果你今年完成目标，我再额外分给你20%的身股。"这句话如定心丸一样，总经理答应了下来，因为他合计后发现自己的股份已经高达55%，这样的分红比例已经非常高了。

　　总经理的分红虽然看似很高，但新公司的实际控制权还是在总部手中，等到了第三年，新公司已经运作得很不错，老板跟总经理商量，从新公司的风险储备金里拿出100万元，开设第二家新公司，并且第二家新公司的总经理要从第一家公司内部选取，一旦第二家新公司正式运营，那第一家公司的总经理将会获得10%的股份，这个股份从总部持有的股份中扣除。第二家新公司的运营模式跟第一家一模一样，唯一不同的是第一家公司的总经理额外享有10%的股权。此时第二家公司的股权结构是这样的：总部持股42%，第一家公司总经理持股10%，第二家新公司总经理持股33%，风险储备金15%。风险储备金是由总部代持的，相当于总部的股权是57%，对第二家新公司依然拥有绝对的控制权。

　　此后的第三家、第四家、第五家新公司都依照这样的模式运作，需要注意的是，第三家新公司的总经理是从第二家新公司提拔上来的，那么第二家新公司的总经理享有第三家新公司10%的股份，跟第一家新公司的总经理没有任何关系。以此类推，总部的股权永远都是 57%，不管开多少家公司，都算作总部的控股子公司，按照这个模式复制下去，总部的规模会越来越大，利润也会越来越多。

在这个案例中，大家可能会担心一个问题，总部把钱都分出去了，那总部依靠什么盈利呢？我们来算一笔账，虽然总经理拿到不少钱，但实际上总部获得的利润更多。假设公司盈利 100 万元，总经理拿走 33% 也就是 33 万元，此时总部剩下 67 万元。第二年，总经理花钱买了 33% 的股份，相当于总部又拿回了给出去的 33 万元。等到总经理获得 33% 的实股外加 20% 的身股时，第二家新公司也成立了，总部又让第二家新公司的总经理白干了两年，所以总部永远不会亏钱，永远都在盈利。这种股权合作机制又叫作"交人交心"机制，在这个过程中，总经理是很开心的，因为他既能赚到钱，又能得到公司的实股，而总部更加开心，因为它既让总经理白干了两年，又得到了一个长期的利润来源，这就是合作机制的魅力。

```
                          ┌──────────┐
                          │   总部    │
                          └──────────┘
                                │
                                ▼
┌──────────────┐        ┌──────────────┐        ┌──────────────┐
│ 15%风险储备金 │◄───────│              │───────►│ 第1年：20% 身股│
└──────────────┘        │              │        └──────────────┘
┌──────────────┐        │   第一公司    │        ┌──────────────┐
│ 总部实股：67% │◄───────│              │───────►│ 第2年：33% 身股│
└──────────────┘        │              │        └──────────────┘
┌──────────────┐        │              │        ┌──────────────────┐
│ 总部分红：47% │◄───────│              │───────►│ 第3年：33% 实股 + │
└──────────────┘        └──────────────┘        │     20% 身股      │
                                │                └──────────────────┘
                                ▼
                        ┌──────────────┐
                        │   第二公司    │
                        └──────────────┘
                                │
          ┌───────────┬─────────┴─────────┐
          ▼           ▼                   ▼
     ┌───────┐   ┌───────┐         ┌───────┐
     │第一    │   │第二    │         │总部    │        ┌──────────────┐
     │公司    │   │公司    │         │持股：  │───────►│ 持股：42%     │
     │持股：  │   │持股：  │         │57%    │        └──────────────┘
     │10%    │   │33%    │         │       │        ┌──────────────┐
     └───────┘   └───────┘         │       │───────►│ 风险金：15%   │
                                   └───────┘        └──────────────┘
```

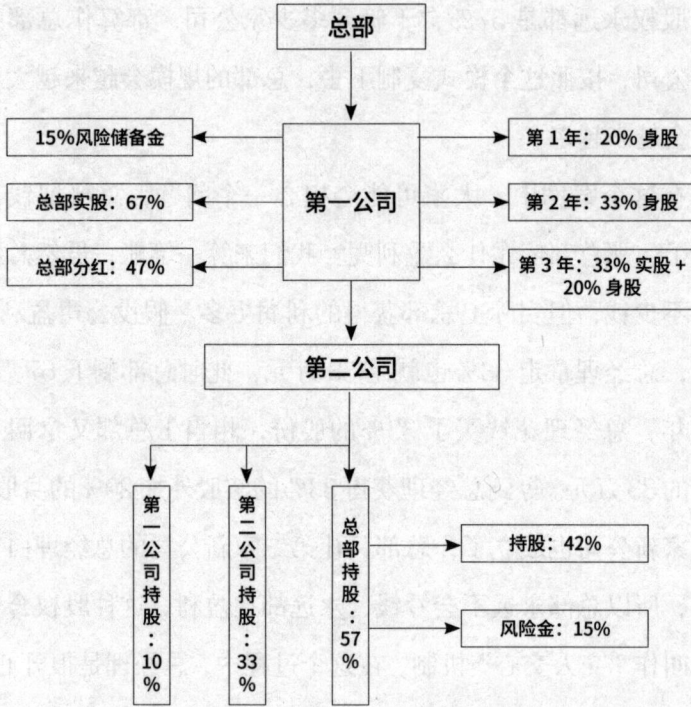

股权合作机制逻辑图

　　我们来思考一下，这种股权合作机制可不可以做连锁？可不可以开分店？答案是肯定的，在实际操作时，要根据你企业所处的行业性质去分配身股比例，不管怎样分，都要保证总部拥有57%的股权，因为只有对下属公司具有绝对的控制权，才能实现统一的战略目标，企业才能做大。比如，肯德基、蜜雪冰城、华莱士等这样的连锁店，其控制权都牢牢掌握在总部，如果总部没有绝对的控制权就会出现你干你的，我干我的，分公司跟总部抢生意的互相恶性竞争，那企业迟早要倒闭。

　　做企业要讲究方法、机制、模式，同时要注重人性，你给员工足够的利益，员工就会付出百分之百的努力，你给员工双倍的利益，员工就会废寝忘食。看多了人生起伏和企业沉浮，就会发现一个很有趣的规律，那些视金钱如命的人，往往穷其一生都无法获得财富；而那些视金钱如粪土的人，往往更容易获得成功，名利双收。在老板眼中，应该把钱看作什么？钱是让你管理员工的工具，是让你通往更高层次的垫脚石，是让你的人生境界得到升华的云梯，所以要舍得分钱，你把钱分给谁，谁就会全心全意地盼着你成功，因为你的成功与他的利益紧密相连，尤其对企业的核心层人员，一定不要吝啬，给他们分够钱，你会拥有更多钱，拥有更多高于金钱的精神财富。

# 股权分配激励核心层动能

我们来思考一个问题，做企业是老板一个人的事，还是一个团队的事？老板一个人做企业，他的成就不会太大，顶多是一家小公司或者是一家小店铺，因为一个人的能力终归是有限的，你有再大的能力也没办法把一个团队的事情都做完。有句话说得好，叫"抱团取暖"，一帮人抱在一起一心一意做一件事，这件事才有可能做成，而前提条件是等你成功之后，不能只富裕你自己，而是要让跟随你的所有人都富裕起来，只有这样，你的企业才能做大，你的财富才能不断增加。

我们再细想一下，在一个团队中什么样的人最重要？笔者认为核心层的人才最重要，这类人才具备较高的个人能力，有些人的能力甚至已经超出老板，这些人往往不容易控制，他们有独立的思想、人格，就算离开企业、离开老板，自己创业或者到其他企业工作，也会做出一番成就。所以只要企业中存在这样的核心人才，我们必须满足他们的需求，给他们股份，只有股份能稳定住这些人才的心，他们才能死心塌地跟着你干。

或许有人会觉得这种说法有些危言耸听，我们不妨参考一下吴晓波先生写的《大败局》一书，你会发现，那些大企业之所以会失败，绝大多数是因为与合伙人、核心管理人之间发生了矛盾（利益分配问题），要么合伙人退出企业，要么核心管理人跳槽到竞争对手那边，无一例外。也有人说了，你说的是大企业，自己的企业小，还不到分股权的时候，即便分股权也没有太大的激励作用。那请问什么时候才是企业分股权的时候呢？要等到企业做大？你连股权都舍不得分，谁愿意跟着你干？你身边连最起码的一批核心人才都没有，你的企业如何做大？所以千万不要等，不管企业大小，该分的股权一定要分出去，只有分出去，才能把优秀员工与企业牢牢捆绑在一起；只有分出去，将来你才能拿回来更多。

## 盈利工具（7）：股权分配

企业分股权，老板的初心一定要摆正，这个初心就是要带着大家一起富裕起来，你自己的初心很正时，即便你说出来的分股权是一句承诺，但是你整个人是充满自信的，因为等到真正分股权时，你会毫不犹豫地把股权分出来。而员工是能够感受到老板的初心的，老板的初心很正，员工的能量也会很正，这样的企业发展起来就会很顺利。等到老板把股权真正分到员工手中时，那时候你再看员工的状态，一个个干劲儿十足，就算分出大部分股权（身股），你所获得的财富也远比不分的时候多。

网络上很多人吐槽自己的公司说："老板你给的这点钱，我很难办事！"看似吐槽，其实也不无道理，难道又想让马儿跑，又不给马儿吃草吗？

终归一句话，人还是要知足的，尤其是老板，对金钱的欲望要知足。比如，企业赚了1000万元，老板自己拿300万元，剩余的给兄弟们分一分，核心层多分一些，管理层再分一些，基层也分一些，大家都有钱才更有动力。结果有些老板是怎么做的，本来赚了1000万元，自己拿走900万元，剩下的这点钱别说给员工分了，都不够给核心层分的，第二年一开工，发现员工走了一大半，管理层走了一大半，核心层走得一个都不剩了。企业还干不干了？想干都干不成了，因为老板太"黑"了，谁愿意跟着这样的老板干？

万般不带走，唯有业随身。人往往拥有的财富越多，所陷入的痛苦就会越深，当你拥有100亿时，其实跟拥有1000亿的生活状态是没有多大区别的。人一定要学会知足，不要想着把所有的财富都据为己有，如果真的那样做了，会发现在巨额财富的背后潜藏的是灾祸，正如《后汉书》所说，"财多命殆，鄙人知之，何疑君子"，古人对财富的理解都如此深刻，作为现代人的我们难道还不及古人吗？所以，作为中小企业的老板，我们对财富一定要有"知足"的概念，但是对事业一定要有"永不满足"的思想。

如果企业达到老板的预期目标后，老板自己满足了，没有心思再去往上冲一冲，此时员工会怎么想？员工会觉得这个老板太没有雄心壮志了，企业才刚成规模就停滞不前了，那我还有什么发展空间？我压根儿还没使出全力，结果老板知足了，这工作还怎么干？早知如此，我还不如自立门户，省得在这里浪费时间。

如果这个老板对事业永不知足，那他就会有明确的目标，"五年上市""十年第二家企业上市""十五年第三家企业上市"，试想一下，员工跟随这样胸怀大志的老板，内心是很自豪的，会觉得跟着这样的老板是真正在干事业，而不是在混日子。

说了这么多理论性的东西，核心还是想告诉大家，做企业一定摆正心态，学会控制对财富的欲望。人之所以称之为人，就是因为我们是拥有智慧的高级生物，正是拥有智慧才懂得如何控制自己的欲望，才能做出一番惊天动地的事业，才能获得所谓的成功。分一点钱给你的核心层、所有员工，如果你从未尝试过分钱，那你的人生一定是残缺的，当你感受到分钱所带来的快乐时，会很乐意分钱的。笔者这样说有点过于"理想化"了，也多少有点"说教"的意味，但是我们一定要清楚，分出去的钱必定有它的价值，今天你把钱分出去，明天这些分出去的钱就会带给你更大的回报，因为财富运转规律就是如此。

创业不易，守业更难，能找到一帮志同道合的人把企业经营起来十分不容易，那么为何不能继续齐心合力做一番更大的事业呢？人心齐才是最重要的，能把控人心的老板才是真正的人物。

# 股权激励 21 条

　　企业老板给核心层、管理层、基层员工分股权，这意味着什么？实际上，当老板拥有分股权的想法时，就是在做整个企业的股权改革了。很多老板是有分股权的想法的，但却一直在犹犹豫豫，因为他心里没底，一方面担心把股权分出去会影响自己在企业里的地位，另一方面有点舍不得分。结果就这样犹豫三五年，错过了股权改革的最佳时机，再分配股权，就会更加艰难，是很难落地的。如果老板认为自己的企业已经到了分股权的时候，那就不要犹豫，股权改革是每个企业都需要经历的，也是这个企业由小变大的象征。早晚都要进行股权改革，那为什么不早一点落地呢？

　　笔者把企业股权改革中需要注意的一些事项分享给大家，总共有 21 条，这些内容是结合笔者多年做股权的经验所总结的，也是中小企业在股权分配过程中最容易出错的地方。在做股权改革之前，我们一定要学会把"丑话"说在前面，员工都听明白，听清楚，不要等到分完股权后，又开始搞事情，把本来挺好的企业搞得乱七八糟。可以跟大家提前约定好，把每个事项写成一份文件，将来一旦发生纠纷，直接在这份"约定"文件中找相应的解决办法。一切按照约定来做，这样既公平，又不会让企业内部产生分歧。

## 股权激励 21 条

### 第 1 条：必须一个一个地进入。

企业在做股权激励时，总部的股权必须一个一个地进入。

假设公司总部的股权三个人同时进入，那这三个人一旦抱团，老板就会被踢出去，所以总部的股权必须一个一个地进入。

### 第 2 条：必须独当一面。

进入股东层的人必须要有能力，要能够独当一面。

如果进来的人不能独当一面，其余股东就会有意见。新来的人能力差，却依旧拿着跟其他人一样的股权，别人心里会不平衡。

### 第 3 条：必须竞争进入。

想要进入股东层的人，必须通过竞争进入。

通过激烈竞争进入股东层的人，会格外地努力，因为他们为此付出得多，就会更加珍惜。老板给员工股份，让员工进入股东层，就是为了让员工更加努力，发挥更大的价值。如果股份是白给的，那么员工不但不会珍惜，反而会觉得这个股份没什么意思。

**第4条：制定考核标准，提高进入门槛。**

凡是进入股东层的人都需要经过严格的考核。

主要考核的指标有三个：能力、价值观、行为。其中，行为的考核难度比较大，可以依靠"功分管理工具"，功分能很好地体现一个人的行为，配合功分管理工具就能很好地对一个人进行考核。

**第5条：各个层面吸纳股东。**

企业做股权激励，必须要吸纳各个层面的人才。

吸纳各个层面的股东，实际上就是在吸纳不同类型的人才，把这些具备不同能力的人才组织到一起，才能干成一件事。

**第6条：必须带人、带钱进入。**

想要成为企业的股东，人和钱必须都要在企业里。

如果这个人只是人在企业，钱没有到位，那他会百分之百努力吗？当然不会！所以，企业在做股权激励时，必须要人和钱都在企业，因为钱在哪里，心就在哪里。

**第7条：利用公司谋私利，一次性按照当下股值退出。**

一旦出现借公司平台谋私利的情况，按照当下股值一次性退出，或者按照每年3%退出，直到完全退出为止。

举例说明：员工入股100万元，占10%股权，公司发现员工有谋私利的情况，那这100万元不能一次性退还，最好分三年，第一年退还30万元，第二年退还30万元，第三年退还40万元，并且约定在退出股权后的三年内，不能给公司制造负面影响，这样对企业发展是一个保障。

**第8条：中途退股，且是因为人力不可抗拒的情况，按照当下股值退出。**

由于特殊原因导致中途退股的，按照当下股值，或者按照每稀释3%的股份退出。一般情况是以这两种方式退出，当然，具体怎样的退出形式，完全在于合同约定，怎样约定就怎样退出。

股东中途要求退股，公司按照当下股值给予退出，这样做比较人性化，退出的股东也不会找公司麻烦。但是退出是有条件的，分三年退出，并且约定股东在退出后三年内不能给公司制造麻烦，要维护公司的形象，不能破坏公司的业务。

### 第9条：必须身股、实股两条线并行。

岗位股其实也是虚拟股，一般情况下分配给公司重要岗位的人才，岗位股一般占公司总利润的50%，剩下的50%分配给股东。在实际操作的过程中，岗位股的价值是比较高的。

举例说明，一个公司在起步发展时，原始股东占有20%股份，后来随着公司的发展，进入公司的人才越来越多，就会出现重要人才的股份很少，而原始股东的股份却很多的情况，这种股权配置的企业日后如何发展？干活儿的拿不到钱，不干活儿的多拿钱，必然会影响企业的发展。出现这种情况最好的处理办法就是实行岗位股。比如，公司年利润100万元，先拿出50%的钱，作为一个资金池。100万元的50%也就是50万元，把这50万元分成100股，然后按照岗位的重要程度配股。假如你觉得人力资源很重要，那么就给他分配20股；销售部工作很出色，分配40股；产品部也很出色，分配20股。股份比例分配好之后，就用资金池总额（50万元）除以100股，得到每股5000元，实际分配的时候，就用5000元乘以40:20:20，每个部门得到的数额就很清晰了。

分配完岗位股之后，总利润还剩下50万元，这50万元就按照原始股东的比例进行分配，如此一来就出现岗位股、实股两条线并行的情况。那些有能力、实股比例却很少的人，在得到岗位股之后，拿到的钱也并不会少，而那些没能力但原始股比较多的人，拿到的钱也不会很多。这种分配方式是比较合理的，也是企业正向发展所需要的。

**第 10 条：乙方必须专心此事业，不准做其他工作。**

必须专心在公司内做事，不能从事公司之外的其他工作。

比如，老板给员工分配股权，10 万元一股，但实际给员工时按照 5 万元一股折算。为什么便宜给你？是因为老板看重你这个人，对你只有一个要求，不准从事其他工作，一心一意专注于企业。一旦发现你背着公司从事其他工作，那么老板就有权收回你的股份。可能有人会说这样的约定有点不合理，但要记住一句话，股权约定里没有合不合理，只有同不同意。股权合同里约定好了，若是同意就签字，然后按照合同去执行，若是不同意可以拒绝签字。

**第 11 条：总部股份合作至少工作三年才能进入。**

至少在企业工作三年才能进入总部股份。

老板做股权激励，其实就是给自己寻找合作伙伴，一定要考量这个人是否可靠，最安全的办法就是先合作三年，等完全了解了这个人，再让他进入总部股份。

**第 12 条：乙方亲属能力不足者，不能继承股权。**

能力不足，坚决不能继承股权。

股权继承问题是企业不得不考虑的，如果股权的继承者能力不足，企业吸纳这样的人进来后，不仅无法为企业带来任何价值，还会影响整个企业的内部氛围，导致不可控的内部矛盾。因此须提前约定好，凡是能力不足的亲属，一律无法继承股权。

### 第 13 条：对外部投资者约定受益总额，额度大小取决于对资金的需求程度。

外部投资人的受益必须有上限，达到受益总额上限时，必须退出或者重新入股，否则企业无法长久发展。

举例说明：假如我现在需要 300 万元，投资人出资 300 万元，我保证你能赚到 1000 万元，只要达到这个数额就必须退出。投资人只是投钱，不做具体的工作，如果没有这一条约定，那岂不是投资 300 万元可以无限期从企业拿钱？也就是说，给予投资人的回报要有尽头。

### 第 14 条：投资入股行为约定受益时间。

投资人出资后，约定具体的受益时间，具体的约定内容根据企业自身情况而定。

比如，投资人出资 1000 万元，老板约定在投资人回本后，享有 5 年的受益时间，时间一到，投资人就不再享有股权。这里需要特别注意一下，受益时间是在"回本后"，也就是从投资人赚回他的本钱之后开始计算受益时间。之所以要有这样的约定，出于对企业长远发展的考虑，如果没有这个时间约定，那投资人会持续分享企业的利益，企业里其他干活儿的人就会有意见，他们会觉得投资人不干活儿却拿着最多的钱，如此一来对企业发展十分不利。

受益时间的约定要在股权约定中体现出来，总体就一个原则：投资人的资源在企业，股权就在企业；投资人的资源不在企业，股权就不存在。写清楚，写明白，同意就入股签字，不同意就找下一个投资人。

## 第 15 条：乙方能力不足、不思进取，董事会 85% 投票通过就可劝退，只享受当年利润分红，不享受其他分配。

入股前对方很努力，你把股份分配给他后，他开始不思进取、不务正业，光等着年终分红。对于这种情况，如果没有提前约定好应对办法，处理起来就会很麻烦，分配出去的股权再想收回来就太难了。要提前约定，凡是入股后不思进取、不努力的人，只要董事会 85% 的人投票通过，那么公司就有权收回股份，并且只给他当年的分红，其他任何分配都不给，分红给完之后直接退出。

## 第 16 条：劝退者改过后再进入，按照当下股值进入。

入股后发现这个人不能独当一面，能力有欠缺，此时老板给他停职一年，这一年让他去学习，提升个人能力。但是公司的工作不能耽误，由他本人出资找一个能胜任他岗位的职业经理人，工资由他承担。一年后，他学习归来，如果能力还是不足，可以再给他一次机会，让他继续学习。如果依旧没有长进，此时就需要董事会投票，按照当下股值退出。

退出之后，这个人通过几年的努力，个人能力提高了，此时他提出想再次入股，在这种情况下老板该怎么办？可以让他入股，前提是要按照当下股值进入。因为，他几年前入股时可能是1万元1股，而公司通过这几年的发展，已经变成2万元1股了，股值发生了变化，须按照当下的股值进入。

### 第17条：退出机制，约定总裁具有一票否决权。

退出机制比进入机制重要得多，一般情况下退出分为两种：一种是违纪退出，另一种是正常退出。

股东本身就是公司的骨干分子，维护公司的利益是理所应当的。但是，如果股东做了损害公司利益的事情，就要接受严厉的惩罚，此时，约定的总裁一票否决权就很重要，不管股东占20%还是占30%，只要总裁一票否决就可以让他退出。

### 第18条：违纪者一律清退。

弄虚作假、欺上瞒下、不遵守承诺的必须开除。滥用职权造成不良影响的必须清退。利用职务侵占、受贿等方式谋取不正当利益、连续两年考核不达标的必须劝退。因失职给公司造成重大损失的必须劝退。个人作风腐败、违反国家法律、泄露公司机密的一律劝退。

**第 19 条：主动退出者，人去股清。**

对于主动请辞的人，公司奖励给他的身股要自动清零。如果在他退出时，公司的利润没有比他入股时下滑，那么此时按照原价回购股份；如果退出时的利润比入股时下滑，那么他的股份按一定折扣回购。

**第 20 条：天灾人祸者一次性退给受益人。**

在第 8 条约定中，退出者要分三年退股。但是，发生天灾人祸的情况就要例外了，可以一次性退股。灵活退股更有利公司发展。

**第 21 条：约定变化。**

约定好公司在不同时期的战略调整。也就是说，提前约定好公司三年或五年做一次战略调整，把公司的规章制度重新制定一次。这样一来，当有人入股之后出现了问题，那么三年后可以重新调整，公司的股权激励就没有风险了，此时的股权激励就变成了动态股权激励。

以上内容就是股权约定的 21 条，在整个股权激励机制中是很重要的一部分。我们落地实操时，可以把公司所有的核心人员叫到一起开会讨论，把能想到的约定都加到股权合同中，约定得

越详细，企业就越稳定。有人可能会问，说能不能直接把上面的
21 条搬到自己的合同里？是可以的，但是需要你去找一个专业
的律师，视企业情况而定，把上面提到的内容融入合同里，不一
定非要 21 条，可以融合成 18 条、12 条。

　　为了方便大家理解股权激励和借鉴股权合同，笔者把一些股
权合同范本附在了本书后面，有需要的朋友可以直接修改使用。

# 期权分配，共同经营企业未来

前文提到了企业应该在什么时候分配股权，无论企业规模大小，只要企业内有核心人才，就意味着到了该分股权的时候，这是股权分配的标志点。现实中，很多企业的规模的确很小，并且在整个企业里也找不出几个有能力的人才，这种情况下老板是否还能使用股权激励员工？并不太合适，因为股权一旦分出去，再想收回来几乎是不可能的，一旦老板吃不准员工是否真正有能力，又把股权分给了他，那等于提前给自己的企业埋了一颗炸弹，随时都会爆炸。

鉴于这种情况，我们在做股权分配时就要相对灵活一些，不要去分股权，而是给员工一定的期权，用期权去激励员工，如果员工真的具备能力，等到期权结束再给他分股权。期权是不占用企业实股的，本质上期权是一种承诺，就好比两个恋爱的人打算结婚，但双方都有些顾虑，于是两人先订婚，试试合不合适，如果合适就结婚，如果不合适就分手，双方都没有什么损失。期权就好比"订婚"，是老板跟员工之间的一种约定，也是双方之间互相考验的一种方式。

## 盈利工具（8）：期权分配

相较于股权，期权更具灵活性，因为期权不仅指分"钱"，还可以是物质、权利等，具体分配什么给员工，要看员工自身的需求。因为期权有更大的灵活性，在实际运用过程中所产生的效果也更加显而易见。比如有的员工不在乎金钱，但他更在意权力、职位，喜欢带团队，那么老板完全可以给他安排一项任务，只要达成目标，就提拔他成为某个团队的管理者，满足他对权力的欲望，这样员工就会更加努力。这里的"分权"事实上就是分期权的一种形式。

老板给员工分期权，前提条件是要清楚员工的需求，那老板如何才能知道这个员工究竟想要什么呢？从期权的角度来看，基本上可以把员工划分为三类。第一类是郁郁不得志的人，这类人做事比较沉稳、踏实，平时不会讨好领导，也不会趋炎附势，他们总感觉在企业里有劲儿使不上，缺少一个展现自我的机会，那么老板就给他一个机会。这类员工属于典型的"渴望权力"型，他们想证明自己的能力，想在企业里获得一定的职位，对于这类员工，老板给个机会，他们的才华就能展现出来。

　　第二类员工什么都不在乎，他们只看重钱，只要跟自己利益无关，他们一概不闻不问，只管埋头苦干谋自己的利益。这类员工的稳定性其实很低，他们对企业没有太多情感，对老板也没有太多情感，如果他能在其他企业赚到更多钱，会毫不留恋地离开企业。所以，老板对这类员工就必须要分钱，并且是大钱，让员工心动的大钱。比如，有个员工一心想赚大钱，自身也有一些能力，老板可以这样说："你现在每年赚30万元，我认为这不是你的真实能力，如果未来两年，你每年都能赚50万元，那我再额外多给你50万元。"两年后，如果这个员工完成了目标，那老板就要立即兑现承诺，给员工50万元，立即分配股权，因为员工完成目标了，说明人家有能力，那就得分股权。这类员工的需求就是钱，只要老板给够钱，他就能爆发出惊人的能力，员工赚的钱多，企业赚的才会更多。

　　第三类员工对金钱、权力都没有欲望，他们更看重物质，如房子、车子。这类员工相对来说是好满足的，只要给他们一些物质鼓励，他们就能爆发出巨大的能量。比如，员工有一定的能力，一心想要一辆小轿车，但依靠自己的积蓄又买不起。老板对员工说："你想要的车子我买给你了，你先开着。但是有个前提条件，在2年之内你必须完成一定的业绩，只要达成目标，车子就送你了。如果完不成目标，车子归还公司。"物质对这类员工格外有吸引力，他们得到老板送的车子后，会加倍地努力，因为一旦得到物质他们就不会让这些物质再离开自己，等到员工达成目标，老板要兑现承诺把车子送给员工，并给他分实股，因为员工完成目标了，说明人家有能力，分股份也是情理之中的。

　　细心的朋友可能发现了一个规律，不管面对哪种类型的员工，我们与员工的约定都是有一个期限的（2年），这个期限是老板考核员工的期限，要根据企业的实际情况划定，可以是2年也可以是3年。通过2年或3年的观察考核，如果员工完成目标，那老板对员工的能力也放心了，可以安心地把企业的股权分给他，如果员工在2年或3年内没有完成目标，那期权也就相应收回了，在这个过程中老板是没有任何损失的，也帮助老板看清楚了这个员工的实际能力。本质上期权是一项很好的激励工具，但是不少老板在实际落地过程中，总喜欢耍小聪明，要么没有按期兑现承诺，要么故意制定远超出员工能力的目标，这样做，等于自己在毁掉企业。

　　这里再把期权说得直白一点。期权其实就是一种迂回方式，老板无法判定员工是否具备持有股权的能力，但是又需要用股权去激励员工，在这种迫不得已的情况下，期权的作用就展现出来了。包括在使用期权过程中划定的时间期限，不管是2年也好，还是3年也好，本质上都是在给自己留一个容错的余地。对于员工而言，期权其实就是一个表现的机会，得到这样的机会后，具有能力的员工就能在企业中脱颖而出。总之，期权更保险一点，即便在落地过程中出错，也不至于到不可挽回的地步，尤其是对于中小企业而言，如果对股权分配的理解不是很深刻，完全可以先使用期权激励员工。

```
┌──────────┐      ┌──────────┐                    ┌──────────┐
│ 期权分配 │ ───→ │ 员工需求 │ ──┐                │ 权力需求 │ ──┐
└──────────┘      └──────────┘   │                └──────────┘   │
                       │         │  ┌──────────┐                 │  ┌──────────┐
                       │         ├─→│ 金钱需求 │ ─────────────→  ├─→│ 必须满足 │
                       │         │  └──────────┘                 │  └──────────┘
                       │         │                ┌──────────┐   │
                       │         └──────────────→ │ 物质需求 │ ──┘
                       ↓                          └──────────┘
                  ┌──────────┐                    ┌──────────┐
                  │   考核   │ ──┐                │ 期权约定 │
                  └──────────┘   │                └──────────┘
                       │         │                ┌──────────┐
                       │         ├──────────────→ │ 考核期限 │
                       │         │                └──────────┘
                       │         │                ┌──────────┐
                       │         └──────────────→ │ 承诺兑现 │
                       ↓                          └──────────┘
                  ┌──────────┐                    ┌──────────┐
                  │ 股权分配 │ ─────────────────→ │ 企业盈利 │
                  └──────────┘                    └──────────┘
```

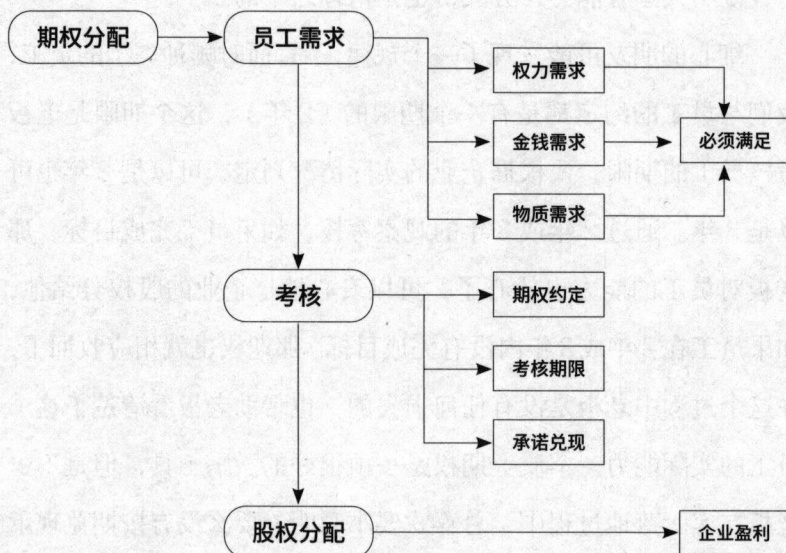

期权分配逻辑

　　无论是期权还是股权，核心都是为了解决企业的问题，企业成功的过程就是不断解决问题的过程。这里有必要说一些题外话，为什么我们的企业总是出现问题？而那些优秀的大企业很少出现问题呢？中小企业规模小，体制、机制都不完善，固然是重要因素。但笔者认为企业出现问题的根本原因其实还在于老板自身，老板的思维禁锢了企业的发展，同时导致了企业不断出现问题。

　　对于中小企业老板来说，有两种思维是绝对致命的。第一种叫作"封建思维"。有这种思维的老板总想着多赚一点钱，给自己的下一代创造更好的生活条件，甚至连自己的孙子辈都规划得明明白白。这类老板对金钱太痴迷了，舍不得把钱分给员工，恨不得自己拿走企业里所有的钱。而且，这类老板也不管下一代是否有经营企业的能力，即便下一代能力很差，也依旧把企业交给下一代。这种封建思维非常可怕，宁愿让企业毁在下一代的手中，都不愿意把企业交给那些有能力、有才华的人，因为他们从不想着如何让企业持久发展，只想着如何让自己和自己的家族变得更加富有。

封建思维的形成与社会环境、人生经历有密不可分的关系，我们要改变这种思维，把"唯才是举"落地在企业中，凡是有才能的人就给予他无限晋升的空间，甚至可以将企业交给这样的人去管理，只有这样企业才可能传承百年、千年。日本的百年企业已达到3.5万家，每一家企业在传承上都是高度统一的，企业只传承给有才能的人，而不是自己的亲人或子孙后代。试想一下，当我们把企业传给一个有才华的人时，企业会被经营得更好，而我们自己就会变成"某某知名企业第一代创始人"，随着企业的不断发展，会出现"第二代""第三代""第四代"创始人，周而复始地持续下去，企业就会变成百年、千年企业，只要企业存在，人们就会记住我们的存在，因为我们是第一代创始人，是缔造这个千年企业的第一人。

第二种叫作"局限思维"。这类老板目光短浅，只看到眼前的利益，只看到企业当下的发展。这类老板很容易得到满足，自己的企业稍微有一点成就，就会引以为傲，目空一切。这类老板不愿意走出去，不愿意离开自己的企业，在他们的思维意识里，自己是最厉害的，谁也比不过，沉浸在自己的小世界里无法自拔。这类老板最缺少的是学习，学习可以开阔眼界，当一个人的眼界变得深远时，才能发现自己的渺小，当一个人用心去观世界时，才会拥有正确的世界观。山外有山，人外有人，在面对比自己做得好、做得大的企业时，一定要抱着虚心求学的态度，去学习人家好的方面，只有不断学习，自己才能不断进步，企业才能不断发展。

言归正传。做企业的期权激励要强调一点，老板的心态一定要摆正，不要只想着让员工去努力干，等到兑现承诺时却支支吾吾不想满足员工。要清楚，员工做得越好，赚得越多，企业的盈利就会越大，这是显而易见的。只要我们能看透期权背后的逻辑，大多数还是能落地的。期权激励落地，企业里的人才就会逐渐显现出来，企业里有人才，盈利还会遥远吗？

# 红利分配留住基层员工

　　我们来思考一个问题，除支付给员工（中层、基层）的基本薪酬之外，有多少老板会给员工分红？我想大多数中小企业的老板不会给员工分红，一方面是企业本身的盈利状况不理想，另一方面是老板的确舍不得。这是我们不得不承认的现状，正因如此，企业似乎陷入了一个恶性循环之中，中层、基层员工的薪资长期得不到增长，有些员工干了三四年工资一直没变，迫不得已选择离开企业，要么换一家工资高的企业，要么自己去创业，无论怎样的选择，给公司造成的后果就是人员流失。所以，现如今很多中小企业长年都在不断地招人、留人，中层、基层的员工换了一批又一批，企业里的人才走了一个又一个，企业的发展却不怎么理想，甚至运营多年的企业依旧在生死边缘挣扎。

　　如何激发中层、基层员工的潜力？给足薪酬是最直接的办法，只要薪酬给到位，员工就能爆发出潜在的能力。不少老板一听到

"钱"这个字眼，心都在颤抖，企业本来就没怎么盈利，拿什么给员工？那笔者要说，如果你的企业盈利状况不理想，那就赶紧把钱分给员工，分出去的钱越多，企业赚到的钱就会越多。分钱不是白白把钱给员工，而是要让员工产生价值，这个钱他才能拿到，如果员工没办法产生价值，那他只能眼睁睁看着别人拿钱。如何给员工分钱才能产生价值？这就需要一些分红工具了，下面介绍各项分红工具。

## 盈利工具（9）：系数分红工具

系数分红工具的核心逻辑是多劳多得，员工干得越多，拿到的分红就越多。员工干得越多，为企业创造的价值就越大，企业的盈利自然就会增长，给员工分红理所应当。

什么是系数？系数是员工个人薪资除以员工总工资得到的系数比。比如，员工 A 的月薪是 5000 元，员工 B 的月薪是 3000 元，员工 C 的月薪是 2000 元，员工的总业绩是 10000 元，那么员工 A、B、C 的系数是多少？员工 A 的系数是 5000÷10000=0.5，这个 0.5 就是员工 A 的系数，相应地，员工 B 和 C 的系数就是 0.3 和 0.2，假设总奖金是 800 元，按照系数分红，员工 A 应得分红是 800 元 ×0.5=400 元，相应地 B 和 C 应得分红是 240 元和 160 元。

$$\boxed{系数} = \boxed{个人薪资} \div \boxed{薪资总和}$$

$$\boxed{分红} = \boxed{奖金总和} \times \boxed{系数}$$

系数分红公式

## 盈利工具（10）：阶梯式分红工具

"阶梯式分红"本质上更偏向于股权、期权分配，但与股权、期权又有本质上的区别。阶梯式分红不占用任何股权，并且能让员工爆发出巨大的工作动力，与此同时，会在企业内部产生连锁效应，能极大限度地激发其他员工，带动整个企业内部的工作氛围。

举例说明，一个老板想要招聘一位销售总监，有个人来面试，张口就要 2 万元月薪。此时老板有些为难了，因为 2 万元的月薪超出老板的预算了，但是老板又不想直接拒绝，万一这个人有真本事，那岂不是将人才拒之门外了。思前想后，老板这样说："月薪 2 万元我可以给你，但是需要先试用一个月，算是我们彼此之间的一个磨合期，到期后如果双方觉得合适，咱们就继续合作，如果不合适咱们就分手。"这一个月其实就是老板对这个人的考核期，看一看这位销售总监有没有真本事，如果人家真有本事，那就痛痛快快把月薪给人家，留住人才。

一个月后，老板找到销售总监，说道："你提出的 2 万元月薪，我可以接受，但是你如何证明你具有拿2万元月薪的能力呢？"销售总监说能提高30%的销售业绩。双方达成一个目标约定：销售总监完成目标后，老板按照约定给2万元月薪，再额外拿出一部分利润分红。经过计算，销售总监提升的业绩总额是40万元，老板从中拿出20%，也就是8万元作为独立的奖金池，准备给大家分红。首先拿出8万元的50%，作为奖金发给销售总监，剩余的4万元按照系数分给大家，在分的时候依旧会把销售总监算进去，此时销售总监获得的总分红是4万元加上系数分红的钱，实际上，奖金池的一多半钱给了销售总监，其中优秀的销售员得到的钱会多一些，而那些混日子的销售员除了以保底工资算出来的系数分红，其余什么都没有。此时销售部门会出现这样一个情况：穷的穷死，富的流油。因为销售的薪资是按业绩计算的，业绩越多薪资就越高，而系数分红是个人薪资除以总薪资得到的系数，你的个人薪资越低，得到的分红就会越少。

可能有人会觉得这样做不公平，应该给销售总监少分一点钱，让其他员工都分一点，如果这么想就大错特错了，阶梯式分红工具为何要叫"阶梯"，就是要让员工之间的分红拉开差距，就是要让那些得到大量分红的人在企业里显摆，让没有得到分红的人眼红，就是要告诉混日子的人，要么赶紧努力去争取分红，要么就早点离开，公司不养闲人。试想一下，当企业把混日子的人淘汰了，就会出现你追我赶的状态，大家努力干，都想着拿到更多分红，业绩直线提高，企业直线盈利。

## 盈利工具（11）：岗位分红工具

销售岗位可以使用阶梯式分红，那后勤岗位应该怎样分红呢？这些岗位的员工没有业绩，但平时依旧很努力地工作，作为老板理应给大家分钱。有不少中小企业的老板是这样做的，他们会从企业的整体利润中拿出一部分分给后勤人员，这种分红方式就是纯"亏"，老板分得也不开心，因为老板没有看见分红后员工能带给企业的价值，白白把钱分出去，当然会不开心了。这种情况就需要用到岗位分红工具了，这套分红工具的核心逻辑是：员工给企业节省了多少成本，就把节省出来的钱跟员工对半分，算作员工的岗位分红。

举例说明，后勤办公室的月度支出是 2 万元，老板告诉办公室主任："只要你能降低月度支出，节省下来的钱我们五五开，一半给公司，一半给办公室做分红。"办公室主任很开心，因为只要他想办法节省开支，就能得到分红，于是开始制定一系列措施，节约用纸、废纸利用、节约笔墨等，也许平时大家都不注意这些事情，纸张、笔、文件袋都是随便用。

现在不一样了，老板给了分红承诺，办公室成员开始齐心协力节省起来，结果一个月下来办公室的总支出是 1.5 万元，节省了 5000 元，按照五五开的标准，2500 元发给大家，在分红时用系数分红工具去分，办公室的所有人都得到了分红，老板也额外得到 2500 元的纯利润，老板开心、员工开心，这才是一套好的分红工具的真正意义。

## 盈利工具（12）：年度分红工具

大多数中小企业老板对年度分红并不陌生，很多企业都有这项福利，如年终给全体员工多发一个月薪资，顺带发一些米面油当作年终福利。全体都有的分红，员工并没有什么感觉，因为大家都有，辛苦工作一整年，老板给发点年终奖励也是情理之中的。怎样分年终奖励才能激发员工更大的动力？这就需要仔细思考一番了。在设计年度分红之前一定要做好年度目标，比如企业的年度目标是1000万元，达成这个目标说明全体员工处于正常的工作状态，因为老板已经支付了员工达成目标的薪酬，此目标下可以不考虑分红。但如果企业年度达成了1200万元的目标，超出的部分就应该拿出来作为奖金池，具体拿多少根据企业实际情况来定，这里暂定为50%，也就是100万元作为年度分红的奖金池。

这100万元是要给全体员工分的，这就涉及业务部、后勤部等，业务部是主力，分红时须多给，拿出100万元的90%作为业务人员的分红，剩余的10%给后勤部门。在给业务人员分红时不要一次性全部给完，要按照三七比例，第一次给70%的分红，剩余的30%等来年五一前后再分。因为业务人员流动性较大，如果一次性分发，保不齐来年就有人离开企业，这种分红方式能起到一定的留人作用。

可能有人会觉得这样做不太好，老板分钱就应该痛快点，磨磨叽叽的会让下面的员工产生反感。我们要清楚，年度分红是不占用任何业务员利益的，业务员每个月按照业绩拿提成，原本属于他们的钱都已经给了，现在拿出来的钱对于业务员来说是额外的奖励，是老板为了激励大家来年更加努力地工作，退一步讲，就算老板不给大家分这笔钱，也无可厚非。

年度分红的用途是很广泛的。比如，老板开了20家连锁店，总部在年底时可不可以拿出一部分利润给所有连锁店分一分？是可以的，按照年度分红的逻辑去分就好。比如，20家店铺的总业绩是1亿元，老板拿出1000万元分红，用每个店铺的业绩除以总业绩，算出每个店铺的分红系数，再用系数乘以1000万元就可以了。假设其中一个店得到的分红是100万元，这笔钱如何再分给下面的员工？继续用系数分红工具，算出每个店员的系数，最后用系数乘以100万元，就是每个店员得到的具体分红数额。

## 盈利工具（13）：月度分红工具

月度分红工具在所有分红工具中是最具冲击力的，能够很好地激励企业全体员工，因为每个月都会分红，而每个月分红的多少不是由老板确定的，是由员工自己确定的，员工干得越多，月底的分红就会越多。所有的分红都不占据员工原有的利益，全部都是由企业额外分给员工的。在做月度分红时，我们要切记一点，所有的分红都是额外多出来的，不要影响员工个人应得的那部分。有些"聪明"的老板喜欢在分红上玩花样，在员工应有的业绩分红上做手脚，如本月业绩提成下月发放、年度业绩提成等到来年发放等，这样的企业想留住人才简直难如登天。

月度分红具体怎样操作？其与年度分红的逻辑是一样的，只不过把时间缩短为一个月而已。在分红之前同样要约定好月度目标，超出目标部分的50％拿来分红，这个比例不是固定的，具体需要根据企业实际情况设定。假设企业月度分红总金额是50万元，怎么分？要根据贡献大小去分，企业里的核心层要多给一些，用分红牢牢锁住核心层，给核心层分完后，剩余的钱给员工分一分。

在给员工月度分红时，要按照不同岗位采用不同的分配方式。比如业务员，就不能使用系数分红，业务员的分红只给前三名，其余的没有任何分红。为什么要这样做？因为这是月度分红，如果所有人每个月都有分红，那业务员不会有太大的动力去工作，所以一定只给业绩排行榜的前三名，用这种方式去刺激其他业务员，只有这样，其他业务员才会有更大的工作动力，因为前三名拿到了整个业务部的分红，只要钱足够，业务员的动力就会足够，大家你追我赶地去做业绩，企业才会盈利。

企业里其余部门的分红也不要直接给，可依据企业内部的运营链条来分，每个部门能不能得到分红，老板说了不算，由与之制衡的部门去决定。比如，业务部和客服部是相互制衡的两个部门，客服部能不能得到月度分红，由业务部全体人员投票决定，60%的业务员觉得客服部可以拿月度分红，那就把分红给客服部。如果业务部认为客服部不能得到月度分红，那就给出具体原因。如客服服务态度不好、没有及时解决客户问题等，把分红的钱暂时存放起来，等下个月客服部的工作状态转变之后再分。

本质上，这样的分红模式就是让企业内各部门之间互相制约，以此提高各部门的工作能力。但实际操作时就会出现"上有政策，下有对策"的情况，各部门之间串通一气，大家谁也不制衡谁，顺顺利利拿到月度分红，反正钱是公司的，大家谁也不难为谁。这种情况大概率会出现，在后勤部门最为明显，因为后勤部门通常都会讲"情面"，如果员工私下交情很好，更是不愿意给对方出难题。所以，在落实月度分红时，老板要一定要亲自抽查，以防各部门串通一气。一定要落实企业运营链条的标准，在抽查时考核重点，不要烦琐，否则员工会反感，甚至直接放弃分红权。

在中小企业中，中层、基层员工是企业盈利的主力军，因为这两个层次的员工是真正执行和落实企业战略的人，所以一定要给他们分红，让中层、基层员工爆发出能量。红利分配方式是企业与员工之间互利共赢的，但在实际落地过程中，很少有企业能落实，原因只有一点，老板拿得太多，员工得到得太少。

任正非先生说，华为之所以成功，是因为他只做了两件事，第一件是把钱分好，第二件是把人用好。话虽简单，道理却十分深刻。就拿分钱这件事来说，有多少老板能真心实意地给员工分钱？恐怕少之又少。这就是我们的企业总是做不大的根本原因，因为舍不得，所以企业长不大。企业若想盈利、若想做大，分钱是必经之路，好的分配机制能让钱生钱，坏的分配机制钱会越分越少，后续章节中将详细分析一下企业究竟如何分钱、如何分配薪酬，掌握好这些合理的分配机制，盈利其实并不难。

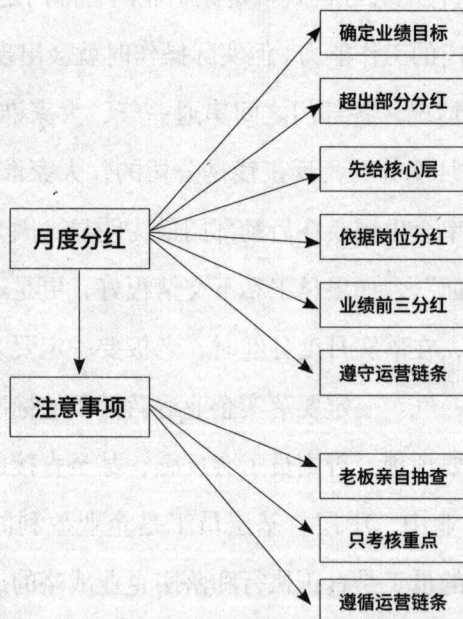

月度分红
- 确定业绩目标
- 超出部分分红
- 先给核心层
- 依据岗位分红
- 业绩前三分红
- 遵守运营链条

注意事项
- 老板亲自抽查
- 只考核重点
- 遵循运营链条

月度分红工具落地步骤

# 第六章

# 用机制解决企业盈利问题

　　机制不是固定存在的，企业所从事的行业不同、性质不同，其机制必然不同。所谓机制，在笔者看来只有能同时让员工兴奋、老板兴奋的才叫机制。任何机制都是服务于企业、促使企业盈利而存在的。

# 企业机制的重要意义

　　说起"机制"这个词，笔者其实很难给出具体定义，按照中外学者比较官方的解释，机制是企业生存和发展的内在机能及其运行方式，是引导和制约企业生产经营决策并与人、财、物相关的各项活动的基本准则和相应制度，是决定企业经营行为的内外在因素及互相关系的总称。如果这样解释"机制"，可能很多人不知道在说什么，大家对机制的理解会更加模糊。在笔者看来，对于中小企业而言，所谓的机制，是指企业定出来能让员工兴奋、老板兴奋的一切规章和标准，统统可称为机制。

　　举例说明，如果老板要给员工分红，是不是需要一套分红机制？一般情况下，老板会脑门一热，感觉某员工的工作比较好，就决定给这名员工分红。这个过程是不是等同于老板自己做了一套分红机制？按照这个机制分红之后，老板很开心，但其他员工就不开心了。这种状态就是老板兴奋，员工不兴奋，那就说明这套分红机制是有问题的。机制的最终目的是什么？是让员工兴奋、开心、努力地工作，让老板也能兴奋、开心、更努力地去经营企业。

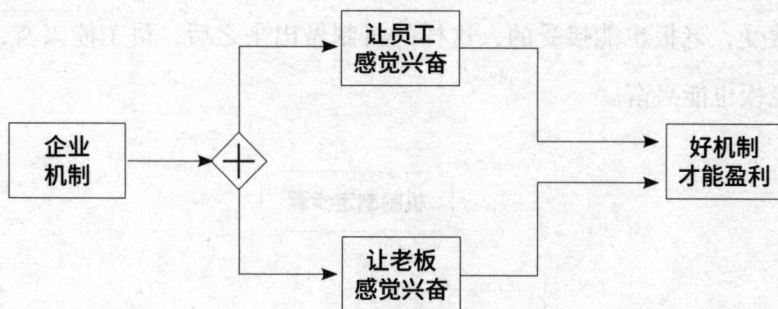

机制核心逻辑

在一个企业中，如果一套机制实施后，老板没有感觉，员工却很兴奋，那这种就不能称为好机制。如果一套机制实施后，老板很兴奋，员工却没有感觉，那也不能称为好机制。

说到这里，可能有人会疑惑，这样来看，似乎企业里永远不可能存在好机制，因为老板与员工本身就是两个利益对立面，怎么可能出现员工开心、老板也开心的机制呢？是可以的。

第一步，当发现企业需要重新制定机制时，老板先不要着急下手去做，先把需要重新制定机制的部门负责人找来，让部门负责人去做，让员工自己去定具体的内容。试想一下，员工自己制定出来的机制，必然是对他们自身有利的，员工必然会兴奋。

第二步，老板得到员工制定的机制后，很大概率不会满意，

因为机制是员工做出来的，对员工有利，对老板利少。此时老板
要抱着虚心的态度，询问员工是否能把机制做得更好一点，如此
反复之后，在老板和员工之间找到一个平衡点，这个点是员工能
接受，老板也能接受的，这样的机制做出来之后，员工能兴奋，
老板也能兴奋。

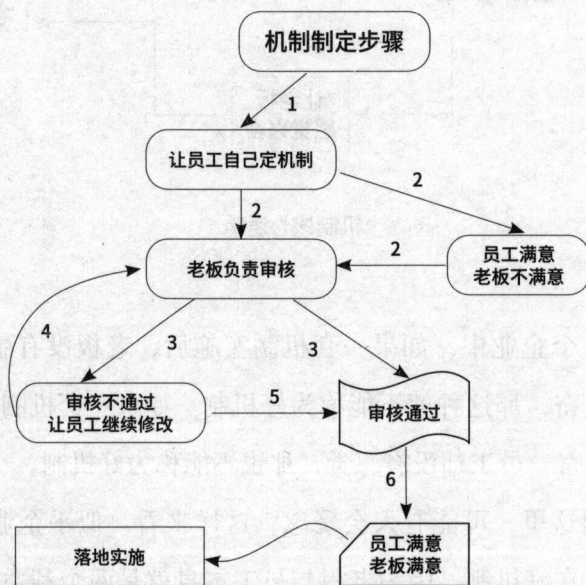

机制制定步骤

　　比如，老板觉得最近业务部的业绩不理想，想要制定一套机
制，激发一下业务员的动力，同时增加企业盈利。于是，老板喊
来业务主管，让他回去跟员工商量着做一套机制。三天之后，主
管带着成果给老板看，上面写着"提成比例从 10 个点增加到 15

个点，整体业务保证增长 10%"，老板看到这套机制，内心是不赞同的，因为给员工的提成高了，整体业务增长率变低了。

老板并未即刻表态同意，而是表示这套机制大体思路是对的，但需要主管再去完善一下。两天后，主管带着新方案找到老板，上面写着"采取动态提成机制，10万元以内业绩提成 10 个点，10万元到 20万元提成比例为 12 个点，20万元到 30万元提成比例为 14 个点，以此类推。预计年度业绩总增长将提高 30%，最低增长 20%"。老板看到这套机制后很兴奋，员工看到这个机制后更兴奋，干得越多，赚得越多。

在此案例中，老板全程没有动手，没有亲自指点员工如何去做，所有机制都是员工自己做出来的，老板只是有一个想要做一套新机制的想法而已，具体落地实施都是靠员工去做的。事实上，在这个过程中，员工的能力是在增长的，员工的能力越强，企业的实力才越强。有不少中小企业的老板，总喜欢事必躬亲，什么事情都要自己去做，最终导致的结果只有一个：老板的个人能力越来越强，员工的能力越来越弱，老板只要离开企业一天，企业就没办法运转。

还有一种情况刚好相反，老板什么事情都不做，大事小情全都交给企业里能力最强的那个人去做。因为老板相信这个人，也看好这个人的能力。于是又出现一种极端情况，这个人的能力越来越强，甚至已经超越了老板，企业离开这个人之后就没办法运转了。结果，当这个人某天离开企业后，老板感觉就像失去了人生目标一样，不知道如何去管理企业。

做企业，实际上就是老板带着一群人去做一件事，在这群人中，有能力的人越多，老板的企业就会做得越大。所以，作为老板，一定要懂得培养人才，不管是外出学习，还是企业日常运营，都要有意识地多培养几个人，至少要保证你的中高层人员绝大部分是能力强悍的。

回到企业机制上。其实不管任何机制，其核心逻辑是一样的，只要我们了解了这个核心逻辑，就能举一反三地做出优秀的机制，如股权机制、薪酬机制等。下面分享一个企业分红机制的案例。

一家成立三年的企业，内部有四名老员工是跟随老板一起创业的，多年来为企业付出很多。于是，老板想着先给这几名员工一点分红权，但是又不能平均分配，担心员工得到分红权后会躺平混日子。于是，老板决定先给其中一个人分红权，来年再给第二个人，以此类推，这样既能激励其他员工，又能展现老板的格局。思前想后，老板决定让四名员工去竞争分红权，于是老板找来四名员工，拿出一套分红机制，问："这是分红机制，你们四个看一看有没有意见。"四个人看过后都表示没意见，即便有意见也不敢讲，因为这套机制是老板做的，谁敢对老板做出来的机制有意见？于是，四个人咬牙按照机制上的内容开始竞争，大家都想得到分红权。

半年后，其中一个员工胜出，得到了分红权。结果剩下的三名员工在背地里偷偷说："看吧，就知道老板还是在乎他，这套机制本身就有问题，对他更有利，我们还竞争什么，再努力也得不到分红权的，老板压根儿就没打算给咱们。"这句话说出来可不得了，在企业内一传十、十传百，最后所有员工都知道老板"偏心"，分红是假，给他喜欢的员工分钱是真。老板听到这种情况后，内心一万个冤屈，老板的本意是想通过竞争的方式，激励一下大家的动力，结果没成想一件好事现在变成了坏事。老板既损失了金钱，又没有达到预期的效果。

机制已经落地，根本没有办法更改了，老板能做的只是从这次事件中吸取教训。一年后，老板再次分红，他把剩余的三个人叫到办公室，说："我想给你们其中一个人分红，至于给谁分，你们几个回去商议一下，做个分红机制出来。"说完后，老板转身回去喝茶聊天，几个员工各种费脑筋开始研究怎样制定这个分红机制。三天后拿着一套分红机制找到老板，老板看完这套机制后对几个员工说："很不错，你们还有没有更好的？"员工听完很开心，认为得到了老板的认可，于是回去继续使劲儿动脑，使劲儿做更好的分红机制。几天后更好的方案出来了，老板拿来一看，继续微笑着说："已经非常不错了，那还能不能做得更好一点呢？"

几个员工又回去修改，改好后让老板再看，经过三次修改，这套分红方案便差不多了。如果还有不足的地方，老板可以亲自修改一下，当然修改时不能直接强硬修改，可以这样说："我给你们提个小意见，你看这里这样修改一下可以吗？"等到方案修改后，跟员工商议，大家都认为不错、可行的时候，老板直接拍板签字，按照方案去执行。经过竞争后，其中一名员工成功获胜，得到分红权。这时候其他员工会说："这套方案当初可是咱自己定的，现在人家获胜了，咱们还能说什么？与其抱怨还不如努力工作呢，希望来年获胜的是自己！"

我们在给企业定机制时，一定要提前谋划好细节，把能想到的问题提前想到。因为机制一旦确定并实施，便很难再修改，如果老板中途修改机制，便是一种失信行为。如果自己实在没有能力做这些事，可以花钱找专业的管理机构帮忙做，总之一句话，机制这种东西，宁可不做，也不能做错，一旦做错就会产生一系列连锁反应，为企业发展埋下隐患。

任何一项好的机制都是基于人的本性而出发的，人的本性是趋利避害、追求利益、逃避痛苦。老板要学会在员工和企业之间寻找平衡点，这个平衡点能很好保证员工的利益，也能很好保证企业的利益，如同我们案例中讲到的"提成机制""分红机制"一样，员工跟企业有共同利益时，大家才能互惠共赢，而机制所起到的重要作用就是平衡员工与企业之间的利益关系，把利益对立面变成利益共同体。

# 晋升机制为企业增添活力（上）

    一个企业中会存在各种各样的机制，不同机制所起到的作用也不尽相同。本节主要讲解的是晋升机制，一套好的晋升机制能为企业发掘更优秀的人才，同时很好地解决用人、留人问题，让企业不再为缺少人才而烦恼。很多企业老板都抱怨如今招人太难，留人更难。那我们有没有反思一下为什么招不到人？为什么留不住人？是社会大环境的问题还是企业自身的问题？在笔者看来，社会环境的因素是的确存在的，但仅是其中之一，因为大环境就是如此，你的企业不好招人，其他企业亦是如此。主要原因还需要从企业自身寻找，从老板自身寻找。

    员工为什么要跟着老板干？员工也是人，也有名利之心，作为企业老板，就需要懂得如何去满足员工的名和利，给员工的名利少，员工自然会离开企业，给员工的名利多，老板又不太放心。所以，这就需要我们使用一些有效的管理手段。比如用晋升机制解决"名"的问题，用分配机制解决"利"的问题，当员工拥有名利时，他还会离开企业吗？我们可以观察一下那些从企业中离开的人，大多是基层的员工，很少有高管，因为高管既有名又有利，是不会轻易离开企业和老板的。

## 盈利工具（14）：晋升机制

企业里的员工如何晋升？是一年晋升一次还是三年晋升一次？晋升的依据是什么？不少中小企业的晋升机制是混乱的，一些跟随老板多年的员工，即便能力不足，也成功得到晋升，一些优秀员工，即便能力足够，却迟迟无法晋升，这种现象是普遍存在的，根本原因是老板自己没有一个晋升标准。

晋升标准根据企业的实际经营情况确定，没有固定模式。比如文员想要晋升，要达到这样的标准：有组织能力、有领导能力、有培训能力。在文员晋升的同时须有其他竞争者，只有从很多竞争者中脱颖而出，他才会感到骄傲，才会更加珍惜来之不易的"名"，更加努力工作。

有了晋升标准后，接下来就是设置晋升级别。如果企业规模大，人员众多，那晋升的过程可以拉得长一点，做一个20级的晋升标准都是可以的。如果企业规模小，人员不是很多，就把晋升级别设置得短一些，15级晋升或者更短。另外，还需要根据企业内部各岗位性质的不同划分不同级别。比如销售部，级别划分一定要长，销售员一级一级晋升的同时也会充满工作动力。后勤部的晋升级别就要短一些，后勤人员的工作相对简单，性质比较单一，不适于太频繁晋升。

举例说明，有一位老板十分注重员工的晋升，他把一名在企业工作八年的老员工提拔成了总监。慢慢地，老板发现这位总监虽然对自己很忠心，但是其工作能力并不是很强，企业里有几个人的能力要远高出这名总监。此时老板内心是很纠结的，如果不换这名总监，那下面有能力的员工会有怨气，如果更换总监，老板又怕他离开企业，毕竟他对企业是忠心的，虽然能力欠缺，至少不会背叛老板。这种情况下老板会很难办。原因在于最开始的时候他就选择错了，没有把晋升级别拉开，导致这位总监一步晋升到最高级别，结果老板骑虎难下，把自己逼到进退两难的地步。

晋升一个员工很简单，想要把他降下来难。有多少老板因为晋升问题与跟随自己多年的老员工散伙，即便员工没有跟老板散伙，接受了老板的降级，那他的工作状态也不会好到哪里去，因为人性本是如此，趋利避害。

企业的晋升机制原理比较简单，落地实施相对复杂一些，有很多企业是在具体落地过程中出现了问题。比如，晋升机制落地后，原有的各岗位级别如何处理？特殊岗位无法划分更多级别怎么办？员工排斥晋升机制怎么办？这些问题都是经常会出现的，也是晋升机制无法落地的主要因素。建议大家在企业规模尚小，甚至在创业初期阶段就把晋升机制做好，从最开始就走一条正确的道路，以后的路途就会变得较为顺利。如果企业已成规模，在中途植入晋升机制，必然会引起内部员工的抵触，甚至会在企业内部制造很多矛盾，那老板一天啥都不用干了，仅处理这些内部矛盾就能消耗老板的全部精力。

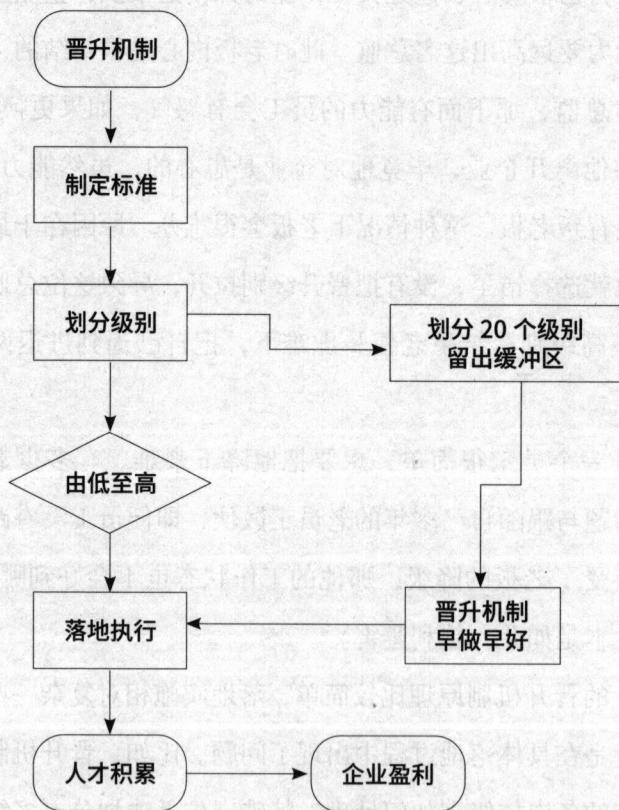

```
晋升机制
   │
   ▼
制定标准
   │
   ▼
划分级别 ──────────▶ 划分20个级别
   │                    留出缓冲区
   ▼                       │
由低至高                   │
   │                       ▼
   ▼                    晋升机制
落地执行 ◀───────────  早做早好
   │
   ▼
人才积累 ──────────▶ 企业盈利
```

晋升机制的核心逻辑

企业如何制定晋升标准？最好参考现有岗位的员工工作状态以及过去一年这个员工所做出的成绩。在具体操作时，设置的晋升标准一定要低于这个员工过去一年的标准。比如，某公司老板要给销售部做晋升机制，先翻看了整个销售部人员的年度业绩，发现最低的年度业绩是12万元，折合到每月的话就是1万元业绩。有了这个参照后，老板定出的晋升机制最低标准是5000元，只要新员工月度业绩能达到5000元，就可以晋级成正式员工，月度业绩达到7000元，晋级一星级销售员，业绩达到9000元晋升二星级销售员……以此类推。

有了晋升标准后，紧接着就需要做级别划分，最好划分20个级别，并且每个级别都要有头衔。级别划分数量越多，留给企业的缓冲空间就越大，即便晋升机制出现一些小错误，也能够及时弥补。若是级别划分很少，一旦出错就很难挽回了。比如你的企业现在有十个岗位，那就把所有的岗位都装到这20个级别中，拿销售岗位来说，可以分为销售员、销售组长、销售主管、销售总监、销售总经理，一共五个级别，把每个级别再划分成4个小级别，销售员可以划分成一星级、二星级、三星级、四星级，如此一来同一个岗位的20个级别就划分清楚了。接下来就要给每个级别制定具体头衔，如销售主管的头衔可以分成初级主管、中级主管、高级主管、顶级主管。头衔划分得越细，员工晋升后的荣誉感就越强。在这20个级别中，前4级的晋升速度一定要快，这样做的目的是留住新员工。

举例说明，一个销售员进入企业后，工作半个月成功晋升成正式销售员，一个月后又晋升成一星级销售员，两个月之后直接晋升到四星级销售员。那你说这个员工还会离开企业吗？不会，因为他觉得有希望、有奔头。这一点就好比人们玩游戏一样，当你玩了一会儿游戏后想要下线时，结果系统提示你的游戏人物成功升级并且获得一把顶级武器，此时你是下线还是继续游戏？多数人会选择继续玩一会儿。

现在的主力员工基本是"90后""00后"，这些年轻人从懂事开始就会玩各种电脑游戏，在游戏里他们能快速晋升，获得各种各样的头衔，只要一直玩，就会不断地晋升。同样的道理为何不拿到企业里使用呢？让企业的晋级也没有天花板，只要员工努力工作，甚至可以晋级到总经理、总裁的位置。

很多老板反映说"00后"员工难管理，这些员工不仅有个性，还很任性，毫不夸张地说，一个"00后"员工看见老板对他掉脸子，第二天转身就离职了。时代变了，企业的管理方式必然要改变，二十年前的企业，员工很少有晋升，很多员工干了一辈子直到退休还是个普通员工。那时"70后""80后"是主力，他们上有老下有小，离开企业就没法儿生活，即便没有晋升机制，他们也不会轻易离开企业。

我们今天面对的社会环境变了，员工群体变了，晋升机制自然需要改变。对于现如今的年轻人，如果没有一套很好的晋升机制，企业是很难留住人的。

```
                    ┌─────────────────────┐
                    │  1. 尽快落地晋升机制  │
                    └─────────────────────┘
                               │
                               ▼
┌─────────────────┐                    ┌─────────────────┐
│ 6. 晋升不设天花板 │                    │ 2. 建立晋升标准  │
└─────────────────┘                    └─────────────────┘
        ▲              ┌──────────┐              │
        │              │ 落地6要素 │              ▼
┌─────────────────┐    └──────────┘    ┌─────────────────┐
│ 5. 前4级快速晋升  │                    │ 3. 划分20个级别  │
└─────────────────┘                    └─────────────────┘
        ▲                                        │
        │     ┌─────────────────────┐            ▼
        └─────│ 4. 每个级别都要有头衔 │◄───────────
              └─────────────────────┘
```

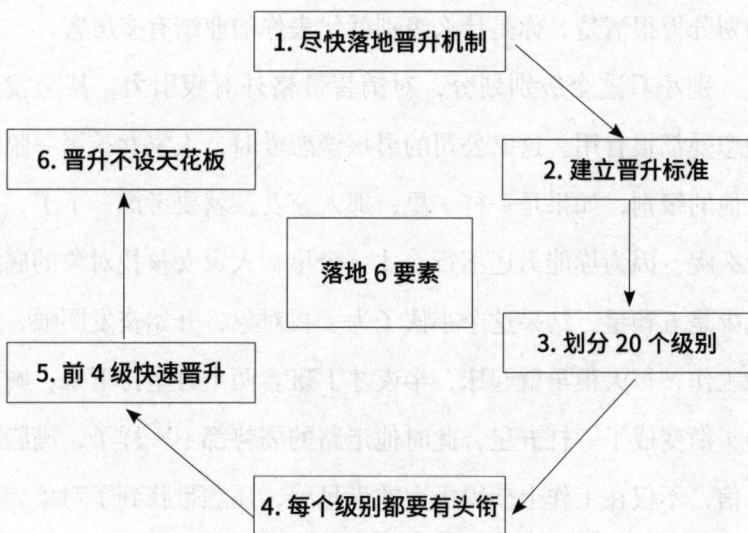

晋升机制落地要素

　　我们做企业不能只顾埋头走路，也要学会抬头看路，向优秀的企业学习。现如今一些大型企业的晋升体系是很完善的，腾讯有6级14等，华为有22级，每个级别都有不同的福利待遇，级别越高代表这个人的能力越强，得到的回报也越多。试想一下，如果你的企业有很好的晋升体系，当一个员工从普通职员晋升到一钻主管时，这个员工的状态会是什么样？他肯定会充满自信，内心拥有强烈的荣誉感，当他把一钻主管的胸牌佩戴在胸前时，走路都带风。就拿笔者非常熟悉的一家公司来说，销售人员的晋升级别是最多的，从一杠一星到一杠七星，每个级别都有这样的划分，等晋升到销售经理时，又会有一钻至七钻的级别，每个级别划分得很清楚，你是什么级别就代表你的业绩有多厉害。

别小看这个级别划分，对销售员格外有吸引力，甚至就连谈恋爱都很有用。这家公司的男孩谈恋爱时，人家女孩第一眼先看他的级别，如果是一杠一星，那人家女孩就要考虑一下了，为什么呢？因为你能力还不行，才一个星，人家女孩找对象的底线至少是五颗星。结果这个小伙子为了找对象，开始奋发图强、努力工作，每天很早就起床，半夜才下班。两个月坚持下来，胸前的头衔变成了一杠五星，此时他走路的姿势都不一样了，满脸的自信，不仅在工作上获得极大的满足感，还顺带找到了对象。

本节所阐述的晋升机制，只是把整个晋升体系的大体脉络进行了梳理，就好比我们画一棵大树，现在只是把大树的躯干画出来了，想要让这棵大树长得更加茁壮，还需要画出更多的树枝、树叶，也就是说接下来需要把配套措施做好，如晋升后的职责划分、薪酬分配、晋升通道、荣誉、实权等。这就是下节要展开的内容了。

# 晋升机制为企业增添活力（下）

企业的晋升机制满足的是员工对于"名"的需求，与之相匹配的"利"是薪酬分配，职位提高薪酬自然要随之增长。本节阐述与此相关的晋升机制的一些落地细节。这些内容是笔者在多年经营企业的过程中摸索出来的，供大家参考。

## 一、配套细节

在笔者熟悉的一家培训企业里，员工的服装是不一样的，普通员工着绿色衬衫，管理层是蓝色，公司高管是枣红色，核心高管是银色。服饰颜色有区别，员工穿起来的自豪感是不一样的，一个身穿枣红色衬衫的高管，在企业里走路都带风，全身上下、由内而外地散发出自信，这就是晋升机制对"人性"的理解，要让员工在晋升机制中有充足的自豪感，只有这样，员工才能更加努力地晋升，并且随着员工职位的逐步提高，对企业的忠诚度也会持续增加。

除服装颜色有区别之外，工牌也有很大的区别，就拿蓝色衬衫的管理层而言，在他们的工牌上会有星级标注，如果上面有六颗星，那就说明他是一位刚刚晋升管理层的人，其管理能力、业务能力相对较低。如果工牌上只有一颗星，那说明他是一位很有能力的管理者，并且他只需要继续努力一下，很可能晋升为高级管理者。不要小看这些细节，它能够极大地满足员工的荣誉感，这些细节也是员工晋升的精神支撑，当员工看见别人工牌上是一颗星，而自己的是三颗星时，内心就会出现强烈的反差对比，这种反差感会驱动员工持续努力。

这只是一个小小例子，在实际落地晋升机制时，还需要大家根据自己企业的情况而定。比如一些企业在员工每一次晋升后，不仅要提高薪酬，还会颁发晋升证书、给员工父母邮寄感谢信、为员工举办晋升宴等细节，这些都是根据自己企业情况而定的，不管我们做任何细节，都要清楚最终的核心目的，之所以要搞出如此复杂的晋升系统，根本目的还是激发员工动力，选拔优秀人才，一切都是为了企业盈利。

## 二、晋升通道

在一个企业中，像业务员、销售员之类的岗位，其晋升标准大多与业绩挂钩，晋升相对直观。那么，后勤、行政、人事、财务等部门的人员应该怎样晋升？这类部门工作相对比较单一，但也是维持企业运转必不可少的，所以也要给这些部门的人提供晋升机会，要把整个企业的人纳入晋升机制，打开所有的晋升通道。

我们就拿后勤部门来说，后勤的日常工作一般比较杂乱、琐碎。比如去整理一下仓库、去打印一份文件、去邮寄一个快递。那就不能以具体的量为标准来衡量，而是要以员工的综合能力为标准，包括员工的人品、性格、工作效率、管理能力等。后勤部门通过晋升机制，就会产生后勤副组长、后勤组长、后勤副主管、后勤主管、后勤总监，然后按照我们 20 个等级划分的办法，再把每个级别分成 4 个小级别，这样后勤部门的晋升机制就有了。

那么我们以什么办法去判断一个员工的综合能力呢？当然不能单纯依靠老板的感觉，因为老板没办法一直监督员工干活儿，当老板出现在企业时，员工就会表现得格外好，所以老板的个人感觉是靠不住的。一定要科学、系统地去衡量员工的综合能力，就会用到"功分管理工具"，这项工具后文会详细阐述。

后勤总监是晋升的天花板吗？当然不是。既然要做晋升机制，就一定要把它做到最好，要彻底打开各部门、各岗位的晋升通道，只要员工能够持续努力，那他就会一直晋升，从后勤总监晋升到副总、总经理、总裁、股东。只有晋升通道顺畅，员工才能看见更大的希望，那些拥有雄心壮志的员工才能大展拳脚。晋升机制对所有人都是公平的，大家凭借自己的本事晋升，能晋升成功的必然是有能力、有才华的，这样的人越多，企业才越能盈利。

在整个晋升机制中，员工的每一级晋升标准（条件）都是不一样的，前4级设置得相对容易些，只要是个正常人稍稍努力就能晋级。越往后晋升的难度越大。当员工晋升到副总级别（核心层）时，就需要严格的考核了，副总级别往上的所有级别，最核心的考核标准就是人品，因为达到这个级别的人已经属于企业的核心层，他们手下会有团队，如果人品不行，就会影响整个团队甚至整个企业。所以，从这一级别开始，不管员工的能力有多强，只要人品考核不通过，就不要再晋升。

## 三、战略匹配

看到这里有人会说，如果把所有的晋升通道都打开，那岂不是一个保安，只要他不断努力,也有可能晋升到总经理的位置？是的，不用任何质疑，事实就是如此，只要员工有能力晋升，不管他是保安也好、保洁也罢，都可以按照这套晋升机制实施。如果真的是这样，那会不会在一个企业中出现很多个"总监""副总"？如果我们从未实操过晋升机制，这个问题会让很多老板感到荒谬，试想一下，整个企业有100人，结果90个都是总监、副总，那岂不乱了套？

其实大家不用担心，晋升机制是要与企业战略进行匹配的。

比如，一个老板准备开设 100 家连锁店，那他是不是需要 100 个店长？这些店长来自哪里？大部分会从企业内部晋升上去，此时老板就可以把普通员工晋升到店长的门槛放低一些。比如，平均业绩是 10000 元，只要员工业绩达到 10000 元就可以晋升为店长，门槛越低，晋升的速度就会越快。这一点要根据企业实际情况去设定。又如，一个老板准备开 10 家连锁店，他的晋升门槛肯定就会高一些，假设员工的平均业绩是 8000 元，想要晋升到店长的标准就是 10000 元，门槛高了就会刷掉一大批普通员工，其晋升速度也会放慢。因为老板的战略是开 10 家店，他只需要 10 个店长，慢慢晋升，慢慢选拔就行。

## 四、虚实结合

不知道大家有没有这样一种感觉，就是在学习知识时，感觉老师讲的一些内容都很简单，可是等到自己落地实操时，又漏洞百出。笔者对此深有体会，在十几年前笔者四处求学，学到一点皮毛后就迫不及待拿到企业尝试，结果往往搞得一团糟，或许这就是所谓的"一学就会，一做就废"吧。所以，不管我们学得多好，自己再聪明，都需要用实操、落地去验证，只有真正把某件事彻底做一遍，你才能清楚自己的不足，才能真正地成长。

假设你的企业在落地时没有把控好晋升的速度，导致企业里真的出现了很多"副总"，应该怎么办？解决的办法也有，叫作"虚实结合"，"虚"指的是名誉、头衔，"实"指的是实权，老板要分清楚哪些人应该拥有实权，哪些人只需挂着一个虚衔。

举个例子，在某个餐饮集团中，大厨通过自己的不懈努力，依靠自己的厨艺晋升到副总的位置，并且这个大厨对企业特别重要，离开大厨你的企业就没办法运转。来深入分析一下，大厨需不需要带团队？需不需要参与企业战略？这种通过个人技术晋升的员工，基本不需要做这些事情。

那么，老板就不必给大厨实权，应该给一个虚衔，这个虚衔就是指企业副总，把头衔给到位，与之匹配的各项福利待遇都不能少，要与那些掌握实权的副总同等待遇。

而对于企业里那些带团队、有管理能力、有领导力的副总，老板一定要给予实权，跟这类人不能玩虚的，不能想着只给人家挂一个头衔，其余的福利待遇、薪资分配、分红、股权都不给，要真这样做的话，企业肯定留不住人，这类人有带团队的能力了，随时可以自立门户，为什么要在你的企业里耗着？

我们了解了合作机制、分配机制和晋升机制，其中分配机制解决员工动力问题，晋升机制解决留人问题，但是设计晋升机制时如果没有功分工具的配合是很难落地的，下一节我们就来了解一下功分工具。

# 企业功分管理系统

功分管理系统是通过管理软件，把员工的贡献量化，让老板更加直观地判断一个员工的工作状态，衡量员工是否符合晋升标准。有晋升就需要有考核，考核的基本内容有三项：一是业绩；二是员工的价值观、品行；三是行为。对员工在这几方面的表现用分值进行量化管理，并通过即时奖励、扣分实现对员工的评价和激励。相较于传统的绩效考核模式，功分管理可改变"以罚代管"的粗暴模式，提升员工满意度。

某员工经常迟到早退，工作期间也不配合其他同事，总是要小聪明，但是每当老板来企业时，这位员工便来得最早，下班最晚。老板看见的是这个员工在"辛勤"工作，觉得这个员工很踏实，很勤快，是一个值得培养的对象。如果让这类员工顺利晋升，对于企业来说就是损失。如果企业植入功分管理工具，每当这个员工迟到时，就扣10分，早退扣10分，不配合同事扣20

分，一个月下来，这位员工的总积分是 -100 分，扣分不等于扣钱，相当于一个提醒、警告，但老板看到这个分数后，就很清楚这个员工是什么样的工作状态了。反之，员工兢兢业业、勤勤恳恳，他的分值也会让老板"慧眼识才"。功分制下，谁是"白兔"谁是"狼"，一目了然，防止了"劣币驱逐良币"。传统绩效考评的大权掌握在部门管理者个人手里，管理者的个人喜好、主观印象就能影响一个员工的去留，功分制则避免了这一问题。

功分管理工具还有一个很好的作用——即时奖励。与传统绩效考评侧重罚款不同，功分制更倾向奖分和正激励。比如，一个员工在下班后主动打扫办公室卫生，老板想给点奖励却不知道给什么，那么就可以奖励员工 20 功分。老板今天奖励了员工 20 功分，明天其他员工就会效仿，主动做一些事情，长此以往整个企业就会有一种积极向上的氛围。

也许有人会表示怀疑：区区一个功分，员工真的会那么在乎？现在的员工多难管理，别说功分了，就算直接发奖金，他们都不在乎。单纯依靠功分是肯定行不通的，若想让功分工具发挥作用，就需要赋予功分一定的价值，把积分与员工的年终奖励、分红、各项福利挂钩，积分越高，拿到的奖励就会越丰厚，如此一来积分就变得有价值，员工就会在乎。

```
                        ┌──────────────┐
                        │  功分管理工具  │
                        └──────────────┘
              ┌────────────────┼────────────────┐
              ▼                ▼                ▼
        ┌─────────┐      ┌─────────┐      ┌─────────┐
        │  标准化  │      │  数字化  │      │  价值化  │
        └─────────┘      └─────────┘      └─────────┘
      ┌─────┼─────┐       ┌────┴────┐       ┌────┴────┐
      ▼     ▼     ▼       ▼         ▼       ▼         ▼
   ┌────┐┌────┐┌────┐  ┌────┐   ┌────┐  ┌────┐    ┌────┐
   │员工││员工││员工│  │工作│   │品格│  │赋予│    │赋予│
   │晋升││行为││价值│  │能力│   │行为│  │功分│    │员工│
   │标准││标准││观标│  │数字│   │数字│  │价值│    │价值│
   │    ││    ││准  │  │化  │   │化  │  │    │    │    │
   └────┘└────┘└────┘  └────┘   └────┘  └────┘    └────┘
```

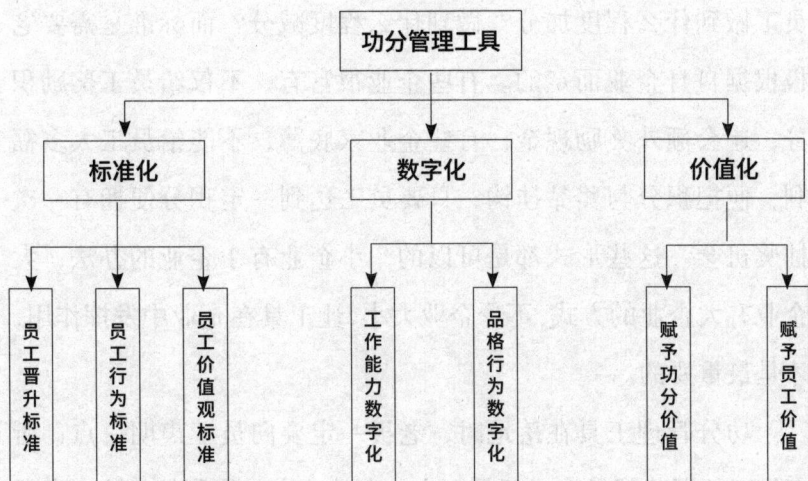

功分管理工具核心逻辑

## 盈利工具（15）：功分管理工具

　　功分管理工具的原理并不难理解，落地实施却有些烦琐，不仅要频繁地给每个员工加分、减分，还要保证员工的分数不能出错，因为分数是与企业福利挂钩的，计算错误会影响员工的自身利益。所以，在企业落地功分管理工具之前，我们一定要先拥有一套记分软件，小一点的企业可以下载一些免费软件，大一点的企业可以购买一套专业记分软件，不管怎样，这套软件是企业必备的，光靠人工是无法落地的。

　　既然要落地，我们就要想得细致一些，把所有能提前想到的细节都想到，毕竟有备则无患。比如，员工的功分能否累积？

员工做到什么程度加分？做到什么程度减分？而标准是需要老板根据自身企业而定的。有些企业很富有，不仅给员工奖励积分，还会额外奖励现金；有些企业家底薄，不能给员工太多福利，便把积分与奖品挂钩，只要员工达到一定积分便拥有一次抽奖机会。这些形式都是可以的，小企业有小企业的办法，大企业有大企业的方式，不论企业大小，让工具在企业中发挥作用，才是最重要的。

功分管理工具在落地时，老板一定要向员工声明一点：所有员工的积分都是永久记录、永久有效、永久累积的。这一点很重要，有这三个"永久"，相当于给员工吃了一颗定心丸。不少员工第一次接触功分时，都会抱着怀疑的态度，担心哪天老板心情一变，就把功分取消了，那自己岂不是白忙活一场。所以为了避免员工产生这样的想法，一定要提前声明，让员工安心。再有就是功分累积是永久性的累积，不能说到年底清零，只要员工在企业干一天，他的积分就是有效且有价值的。

试想一下，当一个员工在企业工作两三年，经过自己的不懈努力累积到 2 万分时，还会轻易离开企业吗？光是 2 万的积分就有很大的价值。如同商鞅给秦国士兵的"功分工具"一样，在打仗之前商鞅对所有士兵说，只要杀够一定数量的敌人，不论士兵出生贵贱一律可以封侯进爵，杀得越多，爵位越大，并且这个爵位是可以世袭罔替的。士兵听到这样的号令，在战场上玩儿命杀敌，秦国士兵所向披靡，因为士兵有动力，只要多杀敌，将来就能衣食无忧成为有身份、有地位的人。

另外，需要老板注意一点，功分与员工福利挂钩，并不与员工的薪酬挂钩。有人可能会觉得应该跟薪酬挂钩，员工这个月干得好，我就多奖励一些钱，干得不好，我就罚一些钱。千万不要这样做，因为员工的薪酬是保障员工生活的，老板如果扣员工100分，少发一些福利，员工不会说什么，一旦要扣工资，员工势必反感，难以接受。员工也是需要养家糊口的，就指望这点工资生活呢，结果月底还被扣了，你说员工气不气？所以可扣分，不可扣工资。

有些老板还会担心出现这种情况：功分管理工具落地后，所有员工都很努力，不断地加分，累积的分数越来越高，到最后企业无力支付如此庞大的福利开支，那岂不是让老板左右为难。这个问题不难解决，此时可以使用一下PK工具，假设企业预设的福利是出国旅游，且名额只有三个，那就让大家PK，积分最高的前三名获得出国资格，其余的人员该发福利的发福利，该给奖品的给奖品。

具体如何PK？有一个简单的标准：分级别、分层次、分工种。比如，分级别，普通级别的员工，那他的PK对手一定也是普通员工，不能让一个普通员工去和总监PK，那样就不叫PK了，叫自寻死路。分层次，管理层要跟管理层PK，核心层要跟核心层PK，这样才公平，员工才不会产生意见。分工种就更简单了，根据员工的工作性质去PK，大厨跟大厨PK，保安跟保安PK。这种PK标准是相对比较公平、公正的。

　　再来说一下如何奖励功分、扣除功分。奖励功分首先要定出一个功分底线，如员工的起始积分为100分，有一个员工很擅长健身，经常带着大家一起健身，要不要奖励积功分？如果这个员工仅是自己喜欢健身，那不必奖励；如果是带着大家一起健身，那一定要奖励，因为人家用自己的特长为企业做出贡献了，就应该奖励。所以，奖励功分的标准就是看员工的行为是否为企业做出了额外贡献，如员工加班、协助同事等，都是需要奖励功分的。

　　扣分也是需要讲究技巧的，不能凭着老板的感觉走。老板今天视察企业，发现有一个员工正在打盹，就立刻扣了员工10分。一定要搞清楚员工为什么会打盹，是不是因为昨晚加班太晚又或者其他什么原因，搞清楚原因后，再扣分也不迟。扣分要尽量低于奖励的分，这样一个月下来，员工累积的积分可能有120分，不至于低于初始的100分，这样员工才会有动力。要让员工看到目标就在前方不远处。

　　在我们真正去落地这套功分管理工具时，一定要先简单后复杂，最开始可以简单直接一点，如迟到扣2分、加班奖3分。就这样简单的几条就可以，太多、太复杂不容易落地，企业里的员工也不容易接受，一定要给员工留出一个适应的时间，也给企业留出一个容错的空间。企业可以拿出一些鼓励措施，比如每周举办一次积分抽奖活动，积分最高的三个人拥有抽奖资格，准备一些奖品，先用这样的小活动把大家的积极性调动起来，等大家对功分有积极性时，再去植入一些复杂的内容，如此一来整套功分管理工具就很容易落地了。

开始总是最难的，有些员工就是没办法接受功分工具，时常被扣分，结果一个月下来不但没有积累到任何积分，反倒变成-100分了，此时老板怎么办？把员工开除？本来企业人员就不多，开除之后还要重新耗费精力招聘新人。有一个很好的解决办法，此时老板就不要继续扣分了，变换一个办法，把原本需要扣员工的2分变成不扣分，然后给其他员工加分，如此一来犯错员工的积分不至于变成负数，而其余的员工都统一加2分，实际上等于变相给这个犯错的员工扣了2分。

坚持功分管理是需要有耐心的。很多老板在落地后感觉效果不明显，往往在一年半载后就放弃使用了，一旦选择放弃基本等于前功尽弃，只要坚持下来，这套功分工具就能起到你意想不到的效果。华为、阿里巴巴、腾讯这样的大企业都在使用功分管理工具，足以说明这套工具的价值。

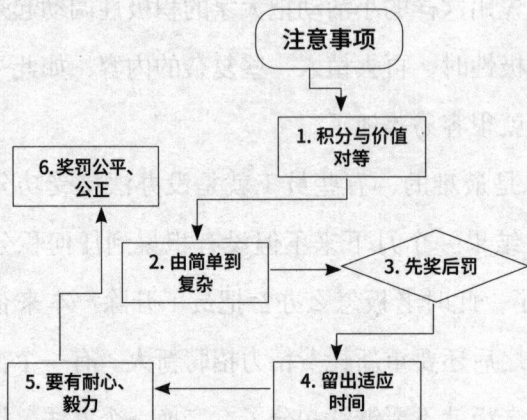

功分管理工具落地注意事项

## 功分管理工具的作用

有句话叫"不用不知道，一用吓一跳"，功分管理工具就具备这样的效果，当我们彻底吃透这套工具的运行逻辑后，就能在这套工具的基础上演变出很多形式，从而达到我们想要的目的。

企业里员工的执行能力很差，能不能使用功分管理工具增强大家的执行力？答案是肯定的。在传统的绩效管理中，有人糊弄工作时，老板的常规做法是扣工资，脾气好的员工会忍一下，脾气火爆的员工会直接跟老板互怼。有了功分管理工具就特别简单了，比如老板告诉大家明天都来参加集体活动，不来的扣50元钱。那一些另类的员工可能就会说，不就50元钱吗，我宁愿交罚款也不去。但是，如果老板说明天来的员工一律奖励100分，那第二天所有员工都会来，如此一来员工的执行力就会无形之中变强。对于老板而言，加分、减分是没有成本的，却比传统绩效管理发挥的激励作用更大。

功分有利于企业文化的形成。公司某个重要部门的员工，经常收到别人送的礼物，如果员工主动汇报，礼物价值 200 元，公司会给他超出这个价值的功分奖励，直接奖励 500 分，那么，员工收到礼物后就会主动上缴，从而修正员工的行为，形成良好的文化氛围。功分还有最重要的一个作用：能解决金钱无法解决的事情。比如，老板说下班后必须把办公室卫生搞好，等下班之后就会发现没有多少人按照这个要求去做。如果老板说下班后凡是主动搞卫生的员工，加 50 分，那下班后所有人都会把办公室卫生搞好。

又如，老板开会时，让大家畅所欲言，有些人积极发言，有些人从头到尾又不说一句话。结果几次会议之后，那些经常发言的人发现自己积极发言也没有得到什么奖励，而那些从不发言的人也没有什么损失，于是慢慢地所有人都不发言了……这种情况老板能拿钱去解决吗？告诉员工只要发言就给钱？此时如果有功分管理系统，老板就可以告诉大家，积极发言的员工奖励 10 分，提出的意见得到认可后再奖励 20 分。以后开会时大家都会积极发言。

假如老板觉得企业缺少高端人才，如何用功分管理工具去吸引人才？老板可以告诉负责招聘的人事专员，本科毕业进入企业的直接奖励 100 分，研究生学历奖励 200 分，博士奖励 500 分。这些人进入企业后的起点就很高，在他们了解功分的价值后留在企业的概率就会变大。有人可能会担心了，如果老员工学历普遍较低，这样搞对老员工公平吗？不用担心，企业内部可以经常性地组织学习培训，达到本科标准的就奖励 100 分，以此类推。只要员工想学习，企业就提供一切条件，学习是企业的"第一生产力"。功分管理工具中诸如此类的作用还有很多，大家在具体落地使用后，慢慢去摸索，或者向功分管理做得比较好的企业去学习、取经。

不知道大家有没有发现，在整套功分管理工具中，企业所付出的成本是没有变化的，不管是加分还是减分，不涉及任何实质性利益，即便是年终的福利也在企业本身财务计划之内，企业的文化氛围却会越来越好。

# 传承机制为企业持续培养人才

"铁打的营盘流水的兵"，这句话用到中小企业中再合适不过了，想想自己的企业曾经有多少人离开？再想想自己的企业为什么总是留不住人？"用人""留人"已经成为中小企业最大的难题，很多人都在试图寻找解决办法，但实际情况是很少有企业能彻底改变这样的现状，因为企业没有好的留人机制，不管做任何努力，都是徒劳。

在企业管理中，有不少学者在研究员工为什么要离职，给出的答案也是五花八门，笔者认为与其花费精力去研究这个话题，倒不如研究一下自己的企业为什么留不住人。

笔者认为，企业留不住人的核心是没有一套良好的"传承机制"。举个例子，一个新员工入职后，没有人带这个新员工快速进入工作状态，新员工处处都感觉吃力。当这个新员工慢慢变成老员工后，他会不会去帮助另一个新员工？基本不可能，因为没有人帮助过他。为什么老员工不愿意去帮助新员工？因为老员工担心教会了新员工，自己的饭碗就会不牢固，万一哪天新员工顶替了自己的位置，岂不是"教会徒弟，饿死师傅"？试问，这样的企业如何留人？别说留人了，新员工在这样的企业里成长起来都是一件难事。如何解决这个问题？一定要使用机制，如前文所述，机制就是能够让员工兴奋、让老板兴奋的事情，只有机制才能让员工快乐工作，让老板开心赚钱。

## 盈利工具（16）：传承机制

企业的传承机制本质上就是让老员工开心带领新员工，达到"教会徒弟，成就师傅"的目标，老员工带出来的新员工越多，得到的回报就越大，只有这样，老员工才会乐于带新员工，才会更踏实地在企业工作。就拿笔者很熟悉的一家培训机构来说，一个人事专员想要晋升，他就必须培养出两个跟他水平同等的人事专员，只有达到这个条件他才能晋升。当他把两个人事专员培养出来后，自己的能力是不是已经得到提升？能力提升了职位必然要提升，他顺理成章地成为人事主管，职位、薪资、权力都得到了提升，此时两个被他培养的人事专员对他的地位有没有威胁？不仅没有威胁，还是支撑他晋升的保障，根本不必担心"徒弟"抢走自己的饭碗。

基于人性的机制会激发人的动能，如果老板总是空口鼓励大家努力干，为了公司的发展，为了咱们企业的未来……这些跟员工切身利益毫无关系的空话，能打动员工吗？所以作为老板、作为企业管理者，不要去控制员工的行为，要学会控制员工的利益。

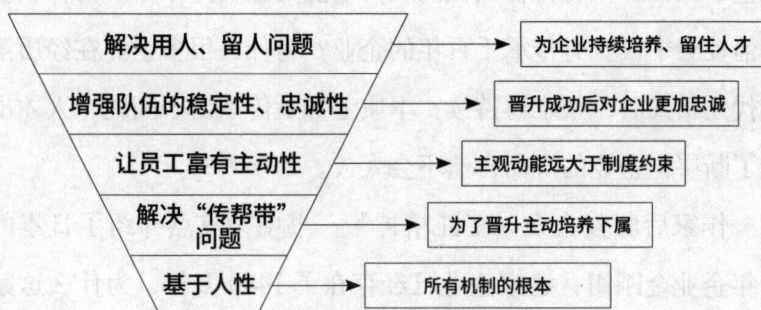

| 漏斗层级 | 对应说明 |
| --- | --- |
| 解决用人、留人问题 | 为企业持续培养、留住人才 |
| 增强队伍的稳定性、忠诚性 | 晋升成功后对企业更加忠诚 |
| 让员工富有主动性 | 主观动能远大于制度约束 |
| 解决"传帮带"问题 | 为了晋升主动培养下属 |
| 基于人性 | 所有机制的根本 |

传承机制核心逻辑

想要落地传承机制，第一步先找到部门负责人，让负责人去制定一套机制，再由老板给出建议，直到修改到双方都认可为止；第二步要提前规定好，老员工想晋升必须要考核绩效功分，必须要培养出两个有能力的下属，只有达到这个指标，老员工才能晋升。

一定要给员工留出适应的时间，有些员工会担心老板说空话，万一自己真的培养出两个优秀的员工，老板不兑现承诺怎么办？万一新晋级的员工抢走自己的饭碗怎么办？万一自己努力半天，新晋级的员工跟自己平起平坐怎么办？这些都是需要考虑的问题，设身处地地站在员工的角度去思考问题，为员工考虑得多一点，他回报给企业的价值就会多一点。

当我们的企业拥有这样的传承机制后，企业还会缺少人才吗？还会为用人、留人而烦恼吗？人是企业的核心，机制的核心是基于人性，只有符合人性的工具才能真正发挥作用。为什么在当前社会中很少有传承千百年的企业？为什么很多企业在经历第一代创始人后，很难再持续？本质上都是传承出了问题，人才出现了断层，企业的寿命自然不会太久。

作家后藤俊夫在《工匠精神》一书中，重点介绍了日本的千年企业金刚组，这家企业已经存在了 1440 多年，为什么这家企业能经历一千多年都没有倒下？核心就是有一套好的传承机制，人家不仅把人才的传承机制运用得很好，把企业的精神传承机制运用得更好。当一个企业的精神可以传承时，那这个企业不管更换多少带头人，它的精神意志依旧存在，只要精神不倒，企业就会不断传承下去，一代又一代，周而复始。

再看日本的一些百年企业，这些企业都很注重传承，员工在这些企业工作到一定年限后，企业会对员工负责一辈子。比如，员工在企业工作了30年，退休后，企业依旧会给员工支付退休金，一直支付到员工去世为止。为什么很多员工即便在退休后依旧为企业着想？因为企业对他一直有情、有利益，即便人已离开企业，心却依旧留在企业，当企业遇到困难时，这些员工愿意付出全力帮助企业，会主动为企业着想。

　　不管是大企业还是小企业，都会存在各种各样的问题，企业发展本身就是不断遇到问题、不断解决问题的过程。当我们的企业遇到问题时，老板要学会逆向思维，去寻找自己企业机制方面的问题，看看企业的机制是否符合人性，只要机制是反人性的，那问题永远不会解决。不要去控制员工的行为，要去控制员工的利益，这句话的核心就是要洞察人性。有些老板建立的机制比较自私，这时你就会发现员工一直在跟你对抗，而你还百思不得其解。不管多厉害的企业，只要机制不好，再好的员工都会变坏；不管多差的企业，只要机制是好的、符合人性的，再坏的员工都会变好。

# 中小企业承包机制

本节继续为大家分享另一个盈利工具——承包机制，这套机制的核心依旧是基于人性，能够让老板分出精力去干更大的事业，同时为老板培养一批忠诚的人才。

承包机制并不适合所有的企业，这套工具相对而言具有一定的针对性，主要针对那些有一定经济基础，又想开拓新事业的老板。比如，一家水果店铺，老板想抽身出去踏足新行业，但又舍不得丢下老本行，于是想着把原有的水果店承包出去，自己一边收取租金，一边开拓新事业，即便新事业开拓失败，还有水果店的承包收入。于是老板将店铺以年租金 50 万元承包给店长，店长干了三五年之后发现店铺赚到的钱大多给了老板，不划算，于是自己去创业了。此时老板怎么办？回头接手水果店那自己的新事业交给谁？老板不仅失去了水果店，还失去了一个很有能力的店长，得不偿失。了解了承包机制，就不会出现这种局面了。

## 盈利工具（17）：承包机制

如果干巴巴地做讲解承包机制，大家未必能够理解透彻。所以，笔者通过一则案例来给大家详细阐释。

2014年，我结识了河南的一位老板，他自己开了一家蛋糕店，那时候蛋糕店的生意还是不错的，他自己手里也有一些流动资金。有一天这位老板找到我，说想涉足电商行业，但又不忍心放弃自己辛苦经营的店铺，问我有没有什么好办法解决，或者能否给他推荐一名优秀的店长。

我很理解这位老板的处境，针对这种情况，给他推荐了一套承包方案。首先老板需要把蛋糕店承包出去，选择一个合适的承包人，我建议他从店里员工中选一个，因为员工一直在店里参与经营，对店里的一切情况都很了解，让内部的人去承包，不至于把蛋糕店做倒闭了。店里的员工没有多少积蓄，所以承包费用变成"延期支付"，整个蛋糕店的平均年收入在100万元左右，老板以90万元的价格承包给员工，年底结算承包费用。事实上，蛋糕店在实际经营过程中，年盈利至少在110万元，之所以以低一点的价格承包给员工，是希望给员工更大的利益，这样，他们才会有动力去经营店铺。

为什么不建议把店铺承包给外人？外人对你的店铺经营很

陌生，贸然承包出去，蛋糕店的结局恐怕只有倒闭了。所以在做承包时，这位老板按照笔者的建议选择了本店的员工，并且这位员工此前就是店里的管理人员，有一定的能力，这是保障蛋糕店不倒闭的最佳人选。老板跟员工谈好承包价格后，额外制订了一套"6年计划"：第一年，店长交纳90万元承包费用，第二年交纳80万元，第三年交纳70万元，以此类推，直到第六年后，老板便不再收取任何费用，并且此时这家店铺彻底归属店长，跟老板没有任何关系了。

为什么要定这样的机制？如果没有这套机制，蛋糕店被承包出去后，有可能用不了两三年就得倒闭。因为新店长的金钱欲望没有得到满足。一个店铺年利润是100万元，其中90万元都给了老板，对于店长来说他还是一个打工人，根本没有自己当家做主的感觉，这种情况下他是不会对蛋糕店上心的，最多就是应付日常运营而已。所以，想要让店长全身心地为店铺操心，那就必须给他一个希望、一个目标，而这个希望就是——只要他努力经营6年，这个店就是他自己的了。试想一下，店长在这6年中会不会拼命工作？会不会努力让蛋糕店赚到更多钱？当然会！因为只要赚到的就是他自己的，并且6年之后店铺就归自己了，这种诱惑力是非常巨大的。

河南这位老板最初是很反对"6年计划"的，在他的思想认知中，承包就是长期有效的，我把店铺承包出去1年，你就需要给我交纳1年的租金，没有其他可说的。我很理解他的心情，问了他一个问题：假如承包人经营一年后，蛋糕店倒闭了，他也不承包了，此时你该怎么办？是自己再去经营蛋糕店，还是放弃蛋糕店继续电商事业？这位老板思考一番后，有点恍然大悟的感觉，但随后又有点舍不得，舍不得把店铺6年后白白送给别人。

于是，我给他算了一笔账。如果把店铺直接转卖出去，按照他们当地的价格应该在200万元左右；如果按照这套机制承包出去，他所获得的是390万元，不仅能获得更多的钱，还会获得一个"生死之交"的好兄弟，那就是承包蛋糕店的店长。店长在得到这个店铺后，一定会很感激老板，承包了6年店铺，最后老板把整个店铺都送给他了，这样的恩情足够他铭记一辈子。

2019年，我再次遇到这位老板，他已经是一家电商公司的老总了，事业做得很成功。我询问他蛋糕店的情况如何，老板告诉我，蛋糕店已经关门了，因为当时按照这套机制承包出去后，他全身心去搞电商，短短两年就积累了雄厚的资金，而蛋糕店的店长已经跟随他去了新公司，并且入股，现在两人在全力以赴冲击电商事业。

不知道大家看完这则案例后有怎样的感触，但我能预料到，假如当初这位老板按照传统的承包形式，以每年90万元的价格承包出去，那店长很可能在第二年就会跟老板哭穷，告诉老板店铺盈利状况不好，要求老板减少一些租金。减少租金后，那第二年就会旧戏重演，如果不减少租金，店长根本没有工作动力，干一年都是给老板打一年工，一点动力都没有。更有甚者，在经营一两年后店长有可能跟老板撕破脸，最后双方闹得不欢而散。我们无法凭借一己之力去改变，唯一能做的就是采用符合人性的机制去为自己创造利益。

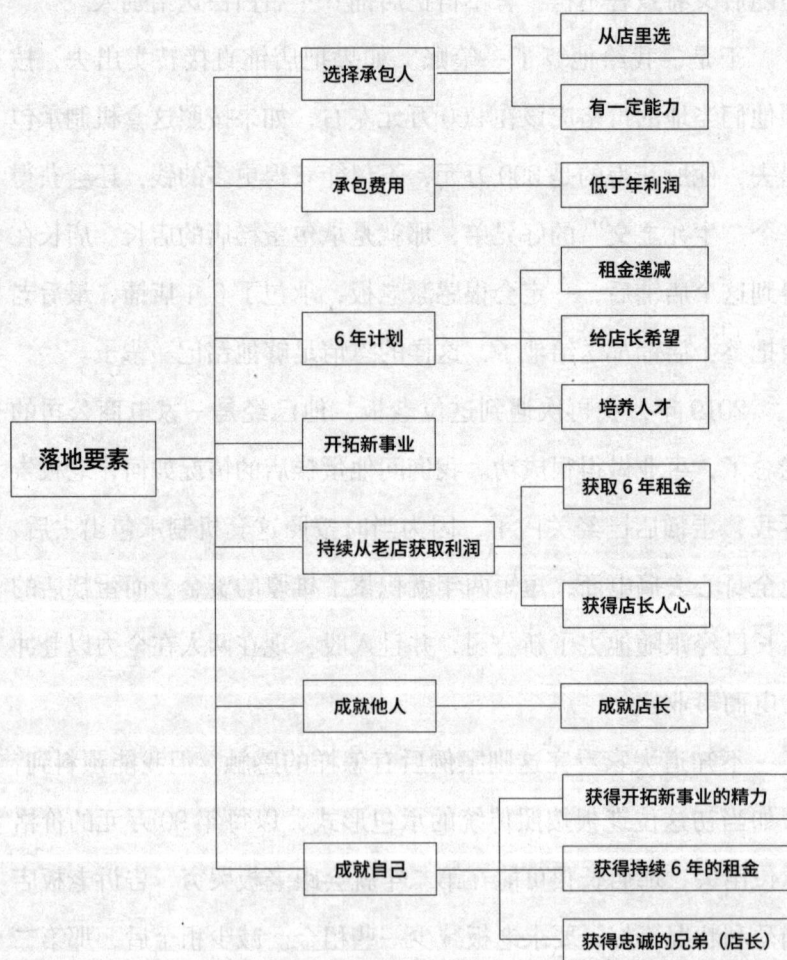

```
                        ┌─── 选择承包人 ───┬─── 从店里选
                        │                 └─── 有一定能力
                        │
                        ├─── 承包费用 ──────── 低于年利润
                        │
                        │                 ┌─── 租金递减
                        ├─── 6 年计划 ──────┼─── 给店长希望
                        │                 └─── 培养人才
   落地要素 ────────────┤
                        ├─── 开拓新事业
                        │                      ┌─── 获取 6 年租金
                        ├─── 持续从老店获取利润 ─┤
                        │                      └─── 获得店长人心
                        │
                        ├─── 成就他人 ──────── 成就店长
                        │
                        │              ┌─── 获得开拓新事业的精力
                        └─── 成就自己 ──┼─── 获得持续 6 年的租金
                                       └─── 获得忠诚的兄弟（店长）
```

承包机制落地要素

　　曾经有不少老板跟笔者提及这套承包机制，但近几年能用到这套机制的人比较少了，因为整体社会环境并不是太好，很多老板维持自己的企业都很困难，基本没有涉足其他行业的想法。但即便如此，这套承包机制的核心逻辑还是很值得我们借鉴与学习的，尤其是"6年计划"，这套计划表面上看起来是别人赚得更多，但实际上是老板自己的利益最大，等同于将一个固定的利益持续了6年之久。这套计划单独拿到我们的企业中也是适用的，比如在涉及股权分配问题时，可以使用这套工具的逻辑去做，从分红、身股、实股逐渐进阶，给员工一个目标、一个希望，员工就会持续拥有奋斗的动力。

　　以笔者的个人习惯是很不喜欢"长篇大论"的，不喜欢讲那些高高在上的深奥的理论，但又不得不讲，理论不通，实操便很难落地。在笔者看来，理论更偏向于"道"的层面，只要理论的思维逻辑理顺了，我们就可以变化出许多实用的工具，如同那句"道生万物"一样；盈利工具更偏向于"术"的层面，它是建立在"道"的基础之上的，本书讲述的一些盈利工具，如果只是照搬，有些在企业中未必行得通。所以，希望大家多理解这些工具的逻辑原理，以"道"驭"术"，才是盈利之根本。

# 落地关键在老板

"落地基于理论"，我们想要把学习到的东西在企业中落地，就应该清楚这些盈利工具的理论知识，只有突破自己的固有思维，才有可能接受新鲜的事物，我们学到的东西才能真正落地。这就好比三十年前做企业，如果对当时的企业家讲 KPI、OKR 这样的管理系统，多数人会觉得你在"胡扯"，因为在他们的思维意识里还无法理解这些管理系统的运作逻辑，学得再多、再好，基本都无法落地。

现在一些老板学习后却无法落地的原因，总结而言有以下四个方面。一是企业家自身的思想、思维高度不够，就好比你自身是高中文化，偏要你去学习大学课程，这基本是学不好的，不仅学习压力很大，落地时也会漏洞百出。解决这个问题的关键还是学习，老板离开企业多出去走走，去学习其他优秀企业的经验，当你见多识广时，眼界自然就会开阔，学到的东西会更容易落地，即便在落地时出错，也有缓冲的空间，因为你自身学到的经验能支撑你犯错，毕竟犯错也是成长中必不可少的经历。

二是老板自身的格局还不够。有些中小企业的老板，他们自身的金钱欲望还没有满足，对他人、对下属的格局便很难打开，这是人性使然，无关对错。我们可以学习一下投资家的格局。在投资家的眼中，根本没有"竞争对手"这个概念，只有合作伙伴，今天我给你的企业投资，那我们就是合作关系，明天我给别人的企业投资，那我跟别人也是合作关系，合作才能共赢，才能赚钱。以这种合作的目光去创造财富，体现的是一个人的格局，企业老板如果以合作的态度去管理员工，相信你的企业会有质的改变。

三是没有使命感。前文已有说到，不管任何时候，做企业都要有使命感。就拿阿里巴巴来说，"让天下没有难做的生意"就是企业的使命，这个使命来源于哪里？当然是来源于老板自身，有了这样的使命，阿里巴巴才能不断去努力，才能成为互联网行业的巨头。

四是一些企业老板的人生还没有解脱。这里所说的人生解脱包含境界解脱、真心解脱、金钱解脱、人脉解脱。

境界解脱指的是老板看待事物的态度。比如，一个老板发现员工犯错了，劈头盖脸就是一顿批评；另一个老板看见员工犯错了，忍住不去批评，持续观察，如果员工一直犯错，没办法回头了，再去指导，因为这位老板很清楚，所有人都会犯错，在错误中才会成长得更快。这就是境界解脱的含义，老板的境界不同，对人、对事的态度是不同的。

说起境界解脱，笔者想起几年前跟一位朋友的聊天。那位朋是做投资的，他说做他们这一行的人，更喜欢投资那些经历过失败、挫折、背叛的老板。当时我很纳闷儿，因为我一直认为投资人所看重的是项目的未来前景。后来才理解，原来投资人更担心的是你的企业能不能持续做下去。做任何事情都会遇到挫折，一旦你的企业遇到挫折，你又没有经历过什么风浪，那企业可能很容易就倒闭了；反之，那些经历过失败、挫折的老板，他们的人生境界已经不一样了，他们拥有更加强大的抗压能力，在经营过程中即便遇到一些困难，也会咬牙坚持，投资这样的人，得到回报的概率才会更大。在与这位朋友聊天后，我有一种茅塞顿开的感觉，想想那些在社会上做出一番成就的人，哪一个不是经历过大风大浪的？哪一个不是经历过无数次挫败的？

所谓真心解脱，就是要捧着一颗真心去对待他人，不能当面一套，背地一套。职场上，有多少员工是因为老板的表里不一而选择离开企业的？为什么会这样？因为员工看透了老板这个人，知道跟着这样的老板没有什么发展前途，人家不屑与你为伍，才会离开你。人与人之间的相处是很微妙的，你是不是用真心去对待他，他心里跟明镜一样，你若是糊弄员工，那员工也会糊弄你。

有不少老板总感觉和自己的高层之间有隔阂，这些老板就很纳闷儿，自己给高层员工的利益已经很大，为什么这些人还是没有真心对待自己呢？与其思考为什么不被人真心对待，倒不如反思一下自己有没有真心待人，有没有跟你的高层掏心掏肺地沟通过？如果你自己都没有把高层当成自己人，对高层有防备之心，那你如何要求人家真心对你？要清楚，在这个世界上，人们都愿意跟有真心、讲真话的人交朋友，这种朋友会让大家感觉放心，有安全感。自己真心待人，就不怕换不来同样的真心。

何为金钱解脱？当你不再把钱看作钱，而是把钱看作你管理企业的一项工具时，你就做到了金钱解脱。但很可惜，人的欲望是与生俱来的，在社会的大染缸中，人们对金钱的欲望越发变大，变得无法满足，不管赚到多少钱都嫌少，还想着去拥有更多的财富。对金钱的欲望越大，越是难从金钱中解脱出来，直到你自己为钱所困、为钱所毁时，或许那个时候你才会真正地从金钱中解脱出来。

我们大多数人都是平凡的普通人，都有对金钱的欲望，但是我们要学会控制金钱欲望。这种欲望能让你获得成功，一旦放纵这种欲望无限生长，你将从成功的金字塔尖跌落到万丈深渊，那时再想从里面爬出来就是一件极其困难的事情了。有句话说"男人不被金钱所困，会成为领袖；女人不被金钱所困，会成为英雄"，仔细品味这句话，真的很有启发，我们在面对金钱时，最好给自己划定一个目标，只要达成这个目标，就等同于满足自己对金钱的欲望，在摆脱金钱欲望后，你才可能做出更辉煌的成就。

何为人脉解脱？老板要跳出自己的一亩三分地，跳出自己固化的圈子，跟外面的世界去接触，去结交一些比自己厉害的人，只有跟厉害的高手学习，你才有可能成为高手。

"宁做凤尾，不做鸡头"，大多数老板宁愿去一个更高层次的圈子里做凤尾，也不愿意窝在自己的企业里做鸡头。企业想要做大，就需要我们跳出自己的圈子，只有进入更大的圈子，你才能看见自己的企业有多么渺小，才能发现自己企业的不足之处，才能知道自己缺少什么，看清这些，就是你的企业开始腾飞的时候。

我们也应看到，随着近些年社会环境的不断变好，老板们的思想层次已经发生翻天覆地的改变，公司实力无论大小，大家更懂得如何做企业，如何做人，我想这一点是所有人有目共睹的。

这是学习带来的改变，大部分老板已经由被动学习步入主动求学阶段，因为社会发展实在太快了，如果不主动学习，很快就会被别人超越。知识掌握得越多、阅历越丰富，人就会越稳重成熟，自然不会出现"本事不大，架子不小"的现象，所以我推崇学习，一个具备学习力的人即便他目前默默无闻，只要给他足够的时间，也必然能一鸣惊人。我感谢学习，我自己就是受益者，我从一个什么都不懂的街边小贩到取得今天的成绩，离不开学习。当你拥有足够的知识储备，你在别人面前就是充满自信的，并且当你抵达一定高度时，你会发现你的整个人生都发生了巨大的改变，以前那些难以消化的负能量，在你学习之后就会消失殆尽，你能享受到成功带来的喜悦，也能驾驭失败带来的痛苦，这便是学习的力量。

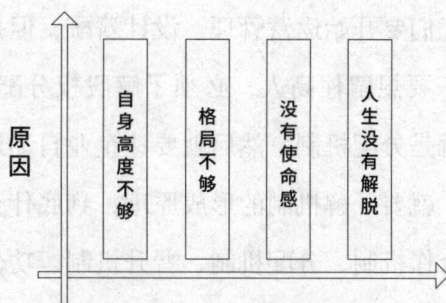

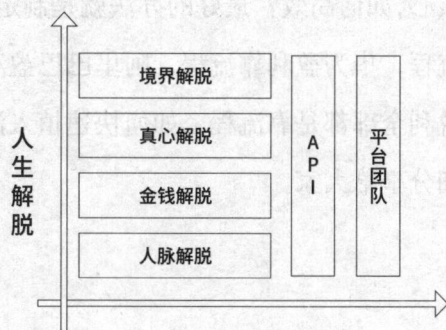

落地理论图

　　我愿做一个经验分享者、传播者，我更喜欢与企业家朋友一起聊天、一起探讨、一起学习，我把自己学到的一切有用内容分享给大家。比如这本书里讲到的一些盈利工具，如果大家觉得好就去试一试，如果大家有疑惑也可以与我一起探讨交流，我认为这才是企业家应该有的样子，而不是我在台上侃侃而谈，大家被动地痛苦学习。

　　当明确战略、明确组织架构、渲染文化，把控好企业的各种趋势以后，我们要开始运营管理、设计薪酬，但是设计薪酬只能留住普通人，要想留住高人，必须了解股权分配、期权分配、红利分配，也就是分配机制。然后就要让企业自动运转，如何让企业自动运转，就要了解机制的形成原理，到底什么是机制？本章我们了解了合作机制、分配机制、晋升机制、功分机制等，企业有了战略、组织架构、文化、机制，就可以正常运营。但是高效才是盈利的核心，如何高效？最好的办法就是制定各岗位流程。麦当劳盈利靠流程，华为盈利靠流程，阿里巴巴盈利靠流程，你能听说的企业盈利全部都是靠流程。如何快速植入流程系统？将在第七章中详细分享给大家。

# 优化流程
## ——高效率、标准化的核心

拥有规范的流程，是实现企业管理的基础；不断优化流程，是企业盈利的基础；重组企业流程，是实现企业发展战略的基础。21世纪企业之间的竞争将是流程与流程之间的竞争，流程将是企业获得竞争优势的主要因素之一。

# 流程解决企业一切问题

　　我从最开始做企业再到后来踏入培训行业，前后算起来差不多有 20 年的时间，其间我自己的企业经营出现过危机，也见过别人的企业出现问题，很少有经营者依靠自己的能力从困境中走出来，不是他们自身能力不足，而是身处其中，很难看到企业的问题，当内部矛盾不断积累，最终爆发时，那很可能就是一颗具有毁灭性的炸弹。所以我喜欢出去走走，去看看别人是怎样经营企业的，分析别的企业是怎样赚钱的。

　　说实话，我很不喜欢那种"笼统性"的培训课程，张口就是"企业内部矛盾""企业制度""经营模式"，这种培训，在我看来就是纸上谈兵。所以我更喜欢刨根问底，在发现问题后一定要找到解决的最好方法，否则一切免谈。也正是因为这一点，我更讲究落地，凭借具体的操作步骤，给企业植入工具、系统、模式，一步步去落地实施，直到看到效果，这才算是一套完整的课程。

大家可以去看一看肯德基、麦当劳、华为、腾讯、格力等优秀的企业，如果没有机会进入这种大型企业参观，可以去网上买几本相关的书籍，去看看这些企业是如何运作的。就拿肯德基来说，它之所以能做到全球连锁企业，核心是有一套十分完整的企业流程，新员工在经过 4 小时培训后，就可以上岗，能够立竿见影为企业创造效益。而我们的企业呢？恐怕新员工入职 4 个月都没办法创造效益，这样的企业如何盈利？

## 盈利工具（18）：流程优化系统

如何为企业制定流程？如何为员工制定工作流程？如何在原有工作流程上进行优化？这是一个系统性且极富针对性的难题，因为企业性质不一样，不管我们采用怎样的方式，或者借鉴别人的经验，都要时刻以自己的企业为标准，要有针对性地去实施，而不能死搬硬套。在解决这个问题之前，我想让大家先看一下 IBM 公司是如何制定、优化企业流程从而实现盈利的案例，同时也希望大家能从案例中获得一点灵感，算是为自己企业盈利做一个前期准备。

提起 IBM 公司想必大家都不陌生，20 世纪 80 年代，IBM 是年度纯利润 65 亿美元的大型科技公司，但到了 20 世纪 90 年代，IBM 的年度净亏损已经高达 49 亿美元，为什么短短几年这家公司会由盈利转为亏损？因为 IBM 内部流程出现了严重问题，此时，CEO换成了路易斯·郭士纳，他上任之后只做了一件事——优化内部烦琐的工作流程。

比如，此前采购部从采购计划到落地完成，需要层层审批，整个参与采购过程的人员高达100多人，采购周期至少需要30天。郭士纳上任后大刀阔斧改革，采购人员缩减至10人，采购时间缩短至1天。再如，此前IBM一份合同签订时间需要6~12个月，流程优化之后缩短至1个月，合同内容由此前的40页缩短至6页，如此高效的工作方式不仅节省大量时间，还让员工的满意度由此前的40%提高到85%，企业营业额达到770亿美元，纯利润更是高达60亿美元。

IBM转亏为盈，它有没有增加新产品？有没有开拓新渠道？通通没有，它只做了一件事：优化企业内部流程。这也很有力地解释了为什么我们的企业会出现不缺客户、不缺资源，但始终没办法盈利的"诡异"局面，事实上，企业的内耗是一项无形的支出，很多看似不起眼的烦琐流程都在损耗企业的利益，当这些损耗积少成多时，企业就很难盈利。

那么我们自己的企业，有没有出现内耗持续增高、人效低、同样的问题天天出、同样的错误天天犯的现象？而解决这一切问题的根本就是流程，只要企业把流程做好，这类问题会随之解决。如何制定企业流程？不是依靠某个人的想法去做，也不是从其他地方复制，而是从自己的企业里不断"试错"而成的。没有哪个流程能完全适用你的企业，任何好的流程都是在不断地探索与完善中形成的，没有任何捷径。

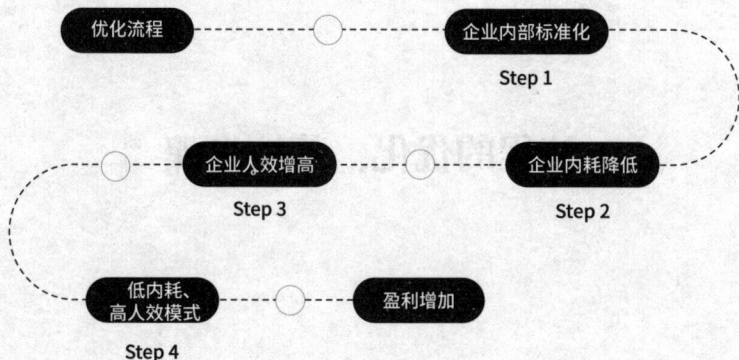

优化流程产生盈利的逻辑图

　　就拿海底捞来说，它的服务在整个行业内都是数一数二的，那么海底捞的服务流程是老板想出来的吗？当然不是，我可以明确地告诉你，海底捞所有的服务流程都来自一线员工。在海底捞只要员工提出的服务流程被公司采纳，那这名员工将会获得功分，功分将会与员工的年终奖励、福利挂钩。有了这个流程之后，员工才会不停地想着如何更好地服务客户，比如给客户一个眼镜布、送水果、擦鞋等，这些服务细节都是一线员工想出来的。所以说，经营者想要优化自己的企业流程，一定要让内部员工做初步方案，让一线员工去优化，老板在这个基础之上做改进，只有这样做出来的流程才更符合公司利益，才能让员工更有动力。

# 流程的优化、落地步骤

　　我举一个加盟连锁店的流程案例，希望大家可以从中获得一些灵感，其实不管是做岗位的流程，还是做部门的流程，甚至是整个企业的流程，其原理都是相通的，只有掌握制定流程的原理，才能演化出形形色色的优秀流程，并且能够在企业经营过程中不断优化、不断升级。

　　我认识一位山东的餐饮老板，第一次见面聊天时，我被他的勇气震撼，他想开连锁店，我问他有没有连锁流程？有没有开店流程？有没有加盟流程？这位老板一直摇头，最后说了一句话：我有钱。我告诉他有钱也不能如此任性，谁的钱也不是大风刮来的。那位老板倒是很有理由，他说："智老师呀，我是什么都没有，但是你有呀，我这次找你来，就是想让你帮我做一下这些流程的。"

　　他的话说完后我似乎明白了什么，看来我是进了他的"圈套"。

我和这位老板忙活一段时间后，基本流程都已经做出来，就拿其中的加盟流程来说，已经趋于完善。在加盟流程中，第一个环节是实地考察，当有加盟商提出需求时，拓展部的负责人会第一时间亲自到现场考察，如果认为加盟商有能力开店，那就签字通过，并且将加盟商的资料打包入库，进行存档备案。

通过第一环节后，到了总经理审批阶段。如果总经理认为加盟可行，就通知付款签合同。如果总经理认为不可取，那直接拒绝，加盟商的资料依旧存档备案。这个过程中还有一项更重要的流程：加盟商签合同后，是不是需要财务签字盖章？财务不签字，那合同就不能签，财务签字后，如果欠款迟迟不到位，公司怎么办？只要加盟商的钱款不到位，公司直接不给加盟商开店流程，没有这套开店流程加盟商就没法儿开店，加盟商会不会乖乖给加盟费？因为你的公司掌握开店流程，没有这套流程加盟商就没法儿经营，那么流程重不重要？

当然，这套加盟流程并不是一次做出来的，很多细节问题都是在实施过程中不断完善的。

看完这个案例你有什么感受？是不是很想优化一下自己企业的流程，但却不知从何下手？不要着急，如果你现在觉得很迷茫，那我再教给大家一个更加具体的操作步骤，我们一步步、稳扎稳打地去优化，让优化后的流程实打实地在企业中落地。

假设你现在是一家企业的老板，需要优化各部门的工作流程，第一步是召集各部门的负责人，找到这些负责人后，你告诉他们重新优化工作流程，拿出一套具体的方案来。为什么要让部门负责人去做这件事？因为人家既然已经统领一个部门，那必然是这个部门里面最优秀的，他们是一步步晋升上来的，做出来的流程可能比老板都要棒，因为他们最清楚自己的工作内容。第二天，这些负责人是不是把做出来的初步流程交给你了？得到这份流程之后，作为老板不要去立刻做出评判，接下来就到了最重要的第二步，老板得到这些流程后，亲自去具体岗位工作一天。只有亲自工作过，才能清楚这份流程有哪些不足之处。

　　或许有人会疑惑了，说一个企业的老板整天那么忙，哪里有时间去实地工作？那我问你，如果老板不实地去操作一下，那他如何知道这份流程的不足？后续如何去完善？要清楚，这份流程出来之后是要形成标准的，是要让更多人按照这份流程去工作，只有这样，企业的人效才会提高。老板按照各部门负责人提供的流程工作一天后，把流程上不足之处修改一下，这份流程就成为这个部门的工作标准，然后形成工作手册。不管是新员工入职还是老员工岗位调动，只要按照这个标准去工作就能胜任，这样是不是节省了企业内耗，提高了人效？

　　我分享的所有盈利工具，并不希望大家"复制粘贴"，而是在这些工具的逻辑基础上，升级出更加符合自己企业发展的工具，这才是我们学习的目的。如果我们仅停留在"复制粘贴"阶段，是根本无法应付这些盈利工具带来的"副作用"的。就拿我的一些学员来说吧，他们在听完这套流程优化工具后，迫不及待地拿到自已的企业里实施，当把所有部门的流程都做好，也制定成册，然后老板以为可以高枕无忧，坐等企业盈利增长，可是等了好长时间，企业盈利情况不但没有增加，反而降低了……

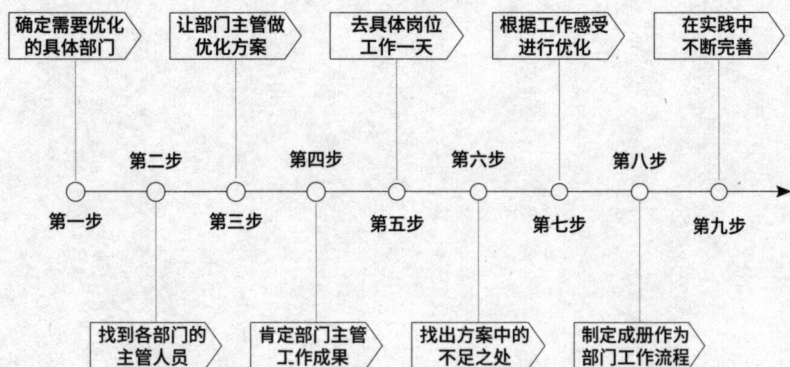

优化流程操作步骤

为什么明明已经将流程优化工具落地，企业盈利却没有提高？我想问大家一个问题：你的流程真的落地了吗？还是伪落地？要切忌"上有政策、下有对策"，虽然流程制定成手册，但员工是否按照手册上的流程去执行，这一点就很难说了，如果流程手册变成了摆设，再好的流程又有什么用呢？所以，流程既然做出来，就一定要有相应的手段确保能执行，只有这样，优化后的流程才会产生结果。

中小微企业不适合立刻植入 KPI 和 OKR 考核系统，一方面员工素质达不到，考核太严格就离职了；另一方面小公司没有专业的人力资源部、考核部门匹配不上，或者根本没有考核部门，如果成立专业的考核部门，公司支出成本太高，可能直接导致企业亏损。所以作为中小微企业直接植入底线考核工具就好，什么是底线考核工具？下一章将详细分享给大家。

# 第八章

# 绩效考核
## ——高效执行的核心

　　执行是保障一切机制、制度、工具、模式落地的基础，不要期望员工自主具备执行力，要想让企业具备强大的执行力，考核是前提。在中小企业中，凡是有考核的地方就会有执行、有结果，凡是不考核的地方，是永远不会有结果的。

# 企业绩效考核系统

　　优化流程的本质是把复杂的事情简单化，简单的事情流程化，流程的事情量化，量化的事情标准化，当企业内部的流程标准化后，员工在什么时间做什么事情就会变得很清晰，人效自然会提高。比如，库房管理员的工作内容琐碎而杂乱，想要优化库管岗位的流程，首先要把复杂的事情简单化，把库管的各项工作归类，根据工作类型划分具体的工作时间，比如早上8点到9点整理库房、9点到11点运送物资等，有了具体的工作内容和工作时间后，这个岗位的具体工作就能量化，每天干多少事是有具体数量的，之后再把已经量化的工作内容变成这个岗位的标准，此时库管岗位的流程已经呈现，日后慢慢升级优化就好。

　　一个岗位的工作流程做到标准化后，如何确保这个流程落地？这就需要用到另外一个工具，叫作"底线考核工具"，什么是底线考核工具？当管理者感觉某个岗位的效率不够高时，此时

　　要抱着"假如我亲自在这个岗位，会怎样做？"的心态，亲自到岗位上工作一天，把工作内容记录下来做成表格，什么时间做什么工作都要写清楚，这就是岗位工作流程，也是这个岗位的工作标准，再让员工复制这套工作流程，能按照流程正常工作就算通过考核，否则就没有通过考核，这个过程就是底线考核工具，只要绩效考核到位、文化配合到位，人效就会大大提升，中小企业绩效考核系统就落地了。

　　有不少管理者在落地底线考核工具时总想着一次性做到完美，这是不可能的事，当他亲自在某个岗位工作一天并且做出流程后，只要流程适合企业当下的发展，那这份流程就是企业当下最高效的。随着企业的发展，我们再不断对这份流程进行升级，这个不断升级的过程其实就是企业不断发展的过程。要清楚的是，每个企业的性质不一样、业务流程不一样，相对应的底线考核标准也不一样，不要去复制其他企业的，一定要按照自己企业的实际需求亲自做流程、不断去完善。流程本身是没有对错之分的，只有适不适合而已，适合企业的流程就是好流程。

　　企业的流程能不能落地，关键需要的是绩效考核，不少中小企业内部有很多绩效，综合一下能有一本书那么厚，企业没有考核，任何流程都是无法落地的，在整个绩效考核体系中，考核是重中之重。最初张瑞敏在管理海尔集团时，几万人的工厂只有13条制度，其中还有一条是不准随地大小便。张瑞敏依靠13条制度带领海尔走向国际，核心就是考核，虽然制度少但企业考核勤，定人、定时考核，并且奖罚分明，所以海尔的人效才会大幅提高，整个企业才会发展得又快又好。

考核的命脉是定人、定时、奖罚分明，任何一项流程的实施，都需要一个人专门负责考核，这就叫定人；考核人员在什么时间去检查员工的工作，这个时间就叫定时，此外还要做到奖罚分明。一个公司绝对不能缺少一个负责考核的人，管理者只负责抽查，只要定人、定时查、奖罚分明，整套流程就能落地。

对于中小企业而言，底线考核工具的底层逻辑相对是比较简单的，也是比较容易落地实施的。也许有人会质疑，现如今很多企业都在使用KPI、OKR这类管理工具，中小企业为什么不直接使用此类工具，反而非要使用底线考核工具呢？原因很简单，像KPI、OKR这种综合性、系统性的管理工具，需要强大的人力、物力、财力去支撑，中小企业规模小、资源不足。员工如果被考核得太严格，就会离职，如果强行植入此类工具，导致的结果只有一个——无法落地执行，企业内部运转瘫痪。对于中小企业而言，企业的规模小、资源少，使用简单有效的考核方式是最合适的选择，不适宜把考核做得太复杂。需要把复杂的事情简单化，简单的事情流程化，底线考核工具便具备这样的优势，因此也更加适用于中小企业。

# 客服底线考核工具

每个岗位的底线考核工具的设计原理是一样的，就是"假如我在这个岗位，会怎么做"，然后把老板的高效流程记录下来，第二天让本岗位的员工复制这份流程，再加上定人、定时考核，店长检查，不定时抽查就可以落地。举两个案例，按照案例中的步骤套用到你企业里的其他岗位就可以落地了。先以企业的"客服"岗为例，详细为大家分享一下底线考核工具的制定与落地细节，可以根据这则案例，尝试在自己的企业中制定底线考核工具，根据自己企业的实际情况而定，要符合企业的实际需求。

## 盈利工具（19）：客服底线考核工具

如何给企业的客服人员制定底线考核工具？

按照底线考核工具的5个板块来做，先给客服人员定时、定岗，每天早上8点到8点30分，客服人员的工作内容是把前台整理好，包括文件夹如何摆放、照片如何摆放、打扫卫生等具体内容。做好这些工作后立刻拍照，这张照片就是标准，以后所有人按照照片的标准进行摆放，这一步就是定标准。当客服做好前台整理工作后，公司会在8点40分安排专门人员进行考核，如果按照标准完成，公司就奖励，如果没有完成则进行惩罚。

9点到9点30分给客户发送节日祝福微信，微信内容可以是节日祝福，也可以是给客户的祝福，根据实际情况发送即可，发送微信的标准要以"客户收到"为准。试想一下，当客户连续3个月、5个月都在收到你的信息，客户已经记住了你的企业，习惯了你的信息，此时你的企业已经在客户心中形成一个品牌。当这种行为成为一种习惯后，如果哪天客户没有收到信息，就会感觉特别不舒服，甚至会打电话问你为什么今天没有发送信息。

10点到10点30分对客户进行分类，按照公司的标准，把客户分成A、B、C等不同的类别。比如说，A类客户是消费1万元的群体，B类客户是消费5万元的群体，那A类客户和B类客户所享受的服务就会不一样，B类客户享受的服务会更多。12点到14点，这段时间是客服的休息时间，什么也不用干，休息就行。

14点到16点对客户进行回访，比如有客户昨天从公司购买了几万元的产品，那么今天客服就打个回访电话，询问一下客户的满意度，让客户给公司提意见，以便完善日后的服务。

在回访过程中得到的所有信息要及时汇报给运营总监，运营总监根据客服的回馈来把控整体市场，应该改进的地方就赶快改进，提高整个企业的运营效率。18点到19点，这是客服的下班时间，需要检查办公室电源是否关闭，门窗是否关闭。如此一来，客服岗一天的所有工作流程就做出来了，此后只需要按照这个流程做就可以。

| 定时 | 定岗 | 定标准 | 定奖罚 | 定考核 |
| --- | --- | --- | --- | --- |
| 8：00—8：30 | 整理前台 | 照片为准 | 奖罚分明 | 专人检查 |
| 9：00—9：30 | 节日祝福 | 收到为准 | 奖罚分明 | 专人检查 |
| 10：00—10：30 | 客户分为 | A/B/C/D 类 | 奖罚分明 | 专人检查 |
| 12：00—14：00 | 休息 | 休息 | 奖罚分明 | 专人检查 |
| 14：00—16：00 | 电话回访 | 反馈运营总监 | 奖罚分明 | 专人检查 |
| 18：00—19：00 | 检查电源、门窗 | 关闭为准 | 奖罚分明 | 专人检查 |

客服底线考核工具

客服底线考核工具的逻辑很简单，按照"定人、定岗、定标准、定奖罚、定考核"这样的5个板块来做，如果把客服换成后勤、库管、人事这类岗位，底线考核工具应该如何制作？原理是一致的，按照五大板块去做，具体岗位的具体工作内容稍做改动就可以，底线考核工具的原理是相通的，只需要我们根据岗位性质去改变具体工作内容就可以，重点要做到"奖罚分明、定人定时检查"，这样才能落地。

　　中小企业实际落地底线考核工具过程中，有不少企业依旧会遇见各种各样的问题。比如，企业做好了某个岗位的底线考核工具，也将"奖罚分明、定时定人检查"作为了重点，但落地执行时出现检查不到位、员工不执行等情况，此时就不再是工具本身的问题了，而是我们的企业出现了问题。

　　企业的"根"指两方面，第一方面是企业的整体环境，如果整体环境不好，再好的企业也会走下坡路。良好的企业环境，各项措施才能顺利落地，若是企业的整体环境很差，再好的制度也无法落地，我们把这种企业环境叫作"企业场"。只有企业的整体"企业场"是好的，也就是企业环境是好的，所植入的一些制度、工具才能顺利落地。

　　营造企业的"场"，领导是关键，管理者以身作则，整个企业的"场"就会越来越好。比如，老板规定企业里不准吸烟，结果第二天老板便当着员工的面吸烟，亲自把"场"破坏掉了，那下面的员工会怎么做？绝对会学老板的样子做，不仅把整个企业的"场"破坏掉了，还会让企业的环境越来越恶劣。所以老板一定要改变，从思维到行动去改变，不要天天抱怨员工怎样怎样，要去反思一下自己有没有做得更好，要学会从自己身上找问题，才是解决企业问题的根本。所以，老板想要落地底线考核工具，必须要让企业拥有一个良好的文化、氛围、"企业场"，只有这样你所植入的一切盈利工具才可能落地。

　　中小企业如何营造企业的"场"？首先要学会营造"团队场"，

有不少企业总喜欢搞团建，做拓展训练，钱没少花，团队回到企业后几天，便又恢复到老样子。为什么会出现这种情况？因为企业的整体环境不行，团队出现了问题，人是经营企业的核心，一旦人出现问题，再好的系统、制度、工具都没办法落地，而人是可以随着环境改变的，要想找回"团队场"，就需要改变企业当下的环境，营造好企业的整体环境。

其次是营造良好的"员工场"，从上至下，从高层开始为员工树立榜样，一层一层去慢慢影响，整个"员工场"就会好起来。举个例子，公司规定高管8点15分到公司，员工8点30分到公司，高管迟到罚款100元，员工迟到罚款20元，那员工还会迟到吗？这种氛围一直持续下去，整个公司的"员工场"就会越来越好。营造"员工场"就是一定要以身作则，按规矩办事，谁都不能破了规矩，一旦打破这个规矩，所有员工都散漫起来时，这样的企业何谈发展？

最后是营造良好的"激情场"，要把企业的团队氛围搞起来，让团队变得富有战斗力，企业才会强大。举个例子，一家公司每天上班之前都会播放富有激情的音乐，然后是早会、团队会，调整员工心态，大家心态好了，整个上午都充满干劲儿。午休过后，团队成员开始玩游戏，再次调整员工心态，把工作中遇到的不开心抛到脑后，只有员工对工作充满激情，企业运营才会顺利，这就是"激情场"的作用。

第二方面是企业的文化，在第二章中已经详细提到过文化对企业的重要意义，文化能够"收心"，能从内心深处彻底改变一个员工，这里便不再赘述。总结而言，企业若想落地一切制度、工具、打造团队，经营者是核心，文化是根本，"场"、环境是基础，想要改变环境，经营者必须改变，从思想到行动上的改变，企业内的一切问题才能迎刃而解。

# 店长底线考核工具

客服底线考核工具落地后，我们可以依照这套工具的逻辑，相应做出后勤、人事、财务、库管、行政等各个岗位的底线考核工具，你的企业有多少岗位就制定多少底线考核工具。我们再来思考一个问题，若是企业拥有众多分公司、分店，是否能继续使用底线考核工具呢？答案是肯定的，底线考核工具的原理是相通的，以店长为例，详细为大家讲解一下店长底线考核工具，理解了这套工具的核心逻辑，开设再多的分公司、分店都不会感觉到累，企业会形成自动运转的状态。

## 盈利工具（20）：店长底线考核工具

老板如何给店长制定底线考核工具？是这样操作的：

餐饮店每天9点准时开门，店长、高管需要在8点40分到岗，利用提前的 20 分钟开个会，各部门、各高管之间有什么问题就解决什么问题，部门之间有互相需要帮助的，就互相帮助。

9 点，利用半小时的时间对员工进行培训，可以是心态调整、员工激励、礼仪培训等，一定要利用早上的时间调整好员工的心态。

9 点 30 分到 10 点开始店面检查，谁负责检查？当然是店长。有人可能会说：我每个月花 8000 元雇的店长，他难道啥事都不干，只负责检查？可以很明确地告诉大家，店长的工作不是去干具体事务的，他就是做考核的。为什么这么说呢？如果店长冲锋在前去做事，那他的考核就会跟不上，导致抓小放大，员工考核不到位，企业运营便会出问题，岂不是得不偿失？

从 10 点到 11 点，这段时间店面就开始准备工作了，比如通风、消毒、车位、卫生等细节工作，考核这些细节时，一定要划分出重点来。

从上午 11 点开始一直到下午 3 点，这段时间是餐饮店营业时间，这期间店长需要干啥？店长什么都不用干，他的职责是协调各个部门，保证每个部门正常运转，一旦店长去干具体的工作，其他部门肯定出问题。

下午 3 点到 5 点这段时间一般是餐厅休息的时间，这段时间如果来客人的话，要不要接待？当然需要。但是这段时间是员工的休息时间，会不会影响服务质量？如果强迫员工加班，用不了多久员工就会跑光，因为其他餐厅下午可以正常休息，而你的餐厅却不能休息，赚着同样的钱，员工为啥要选择在你店里工作？介于这种情况，休息时间内的额外工作可以采用"系数分红"工具，不仅能让员工自愿加班，还能提高员工劳动积极性，同时还能为企业增加效益。

下午 6 点到晚上 9 点，是餐厅最忙碌的时候，这段时间跟上午工作时间一样，店长做好各项巡店责任，保证整个餐厅的正常运转。但是有一点区别，店长不再检查员工的工作流程，因为上午已经查过一遍，下午就不再重复检查。相对而言，下午店长的事就会变少，是不是意味着店长就能休息了？当然不是，店长是老板花费 8000 元月薪请来的，不仅要负责店里正常运转工作，还要站在老板的角度考虑未来的发展。

所以，店长在下午这段时间就可以在办公室研究一下企业未来的走向，看看大家的工作表现，只有抓住员工的内心，才能让员工义无反顾地跟着你走。

等到闭店后，店长把白天出现的问题记录下来，研究解决问题的办法，这样日日精进才能让店长快速成长起来。老板只需要听取店长的汇报即可，若是老板依旧不放心，可以派督导去店里查一下，如果与店长汇报的情况一致，那老板完全可以做到局外运营，这是开连锁店的基础。店长有时间一定要离开店，去外面走一走看一看，因为世界每天都在变化，如果店长没有一点见识，迟早要被淘汰。比如，隔壁新开一家餐厅生意十分火爆，店长就可以抽出一天时间到这家火爆的餐厅看看，研究人家的管理方式，看明白后回到自己店里尝试实施，与时俱进才能立于不败之地。

| 时间 | 事项 | 内容 |
|---|---|---|
| 8:40 | 抵达公司 | 高管会：解决各部门问题 |
| 9:00 | 员工培训 | 员工激励、礼仪培训 |
| 9:30 | 检查店面 | 店长负责考核 |
| 10:00 | 准备工作 | 店面卫生 |
| 11:00 | 正常营业 | 协调各部门，确保正常运转 |
| 15:00 | 店铺休息 | 休息时间 |
| 18:00 | 正常营业 | 确保正常运转，研究企业未来 |
| 22:00 | 闭店休息 | 闭店后总结一天工作并汇报 |

餐饮店店长底线考核工具

"小成者自己带头干，大成者检查别人干"，老板一定要清楚店长的底线考核是什么，职责是保证店面正常运转，只要做好这一点，整个店面就不会出现大问题。肯德基为什么做得那么好？麦当劳为什么做得那么好？难道是人家的员工素质高？并不是，永远不要指望员工有多高的素质，一切都是考核出来的。比如，肯德基的卫生间，不管什么时候进去里面都非常干净，因为人家有考核工具，每小时就巡查一遍，如果卫生条件不合格直接开罚单，因为有这条考核标准，所以人家的卫生间才会一直那么干净。

老板一定要清楚，所有的绩效考核都是为了更好地完成工作目标，而不是单纯为了惩罚，更不是为了满足权力的欲望。一个优秀的企业，其绩效考核必然是重奖励、轻惩罚的，要用绩效考核激励员工多劳多得，员工做得多，得到的利益自然会多，企业的盈利自然会增长。

# 底线考核工具的常见问题与对策

　　底线考核工具听起来很简单，真正落地实施时依旧会出现各种各样的问题。假设店长在巡查店铺时，发现有员工的工作没有通过考核，此时店长应该怎么办？当面训斥员工？惩罚员工？假设老板在抽查店铺时，发现店长管理不到位，应该怎么办？如果在巡店检查时，发现员工的问题该怎么办？能不能立刻教训员工？当面处罚？这些细节问题需要仔细琢磨，合理解决才可避免内部矛盾。

　　店长在巡店时，如果发现问题，需要悄悄记录下来，然后找到负责这个问题的主管，跟他说明问题，明天重点检查。如果明天再检查时，问题依旧还存在，该批评就批评，该处罚就处罚。主管被处罚后心里肯定会难受，所以店长一定要考虑主管的感受，把处罚的钱想办法再奖励回去，一定要在短时间内就奖励回去，最好在一周内。这样一番操作下来后，在员工心里店长是个什么样的人? 大家一定会说店长是个"好店长",有处罚,有奖励,工作积极性就会提高。店长负责考核时,一定要考核重点内容,切忌烦琐,疏忽重点导致的结果就是把不重要的考核了,重要的却没考核到位。

假设老板在抽查时,发现店长的不足之处,应该如何处理? 比如,一家连锁店发生了火灾,造成 30 万元的损失,这个责任需要店长承担吗? 当然不能,如果让店长赔 30 万元,恐怕店长会连夜消失,但是一定要给店长一些相应的处罚,如扣除他的福利、分红等,既给到他一定的警告,又不至于把他"吓跑"。老板处罚店长,根本目的不是扣店长多少分红和福利,而是让店长长点记性,目的是让店长能实实在在为店里操心,只要把心思花在店铺上,基本不会出太大的问题。

我的很多学员已经将这套底线考核工具落地实施,从大多数学员的反馈来看,他们在落地时最容易遇到的难题有两个: 第一,员工不接受,面对考核时表现出较强的抵触情绪;第二,管理人员与员工打成一片,合伙糊弄老板,导致管理没办法真正落地。

针对第一种情况而言,原因有两方面:一是员工年龄偏小,很多都是"95 后""00 后",不服从管理。二是企业自身管理水平相对落后,无法洞察员工内心,缺少管理创新的意识。在这种企业落地时,不要一次性将底线考核工具都落地,要将工具拆开,分阶段、分步骤地去落地。比如,我们可以先落地早上的高管会,等高管习惯后,再一步步落地其他内容,要学会循序渐进,给员工一个适应的阶段。

举个例子，我企业里有一个"00后"员工，最大的特点就是任性，整天挑企业的毛病，搞得主管哑口无言。我得知这件事后第一反应也是头疼，但是静下心来想一想，应对的办法也就随之出现。任何企业必然都会有问题，企业不断解决问题的过程本身就是企业不断发展壮大的过程。只要认识到这一点，就会发现这个爱挑毛病的员工并不一定"坏"，换个角度而言，这种爱挑毛病的习惯对企业是一件好事。于是我安排让这个员工每天找出企业的3个问题，不仅需要挑出问题，还要有解决的办法。如此一来，就会出现这样一个逻辑关系：发现了问题—导致问题产生的原因—解决问题的办法。

老板就可以按照这个流程在企业里实施，基层把每天找到的问题、解决的办法、得到的收获汇报给主管，主管同样找问题、解决问题、得到收获，然后再汇报给店长，店长再汇报给老板，如此一来是不是层层都在进步，都在成长？企业自然会越来越好。

考核工具不落地的第二种原因：如果管理人员跟员工合伙在绩效考核上作假，老板的内心是很失望的。如果真出现这种情况，老板就需要再找另外一个人，与这个高管形成制衡，这样就能很好地落地了。比如，一个河北老板，开了7家店铺，雇用了7个店长，自从把底线考核工具落地后，整个人都显得轻松多了，即便他在外面学习或者旅游，依旧很清楚店铺的运营情况。因为

7个店长每天都会向他汇报经营情况，即便他不在企业里，依旧能做到掌控全局。渐渐地，这位老板发现有一个店长的汇报内容越来越差，老板很自然地就开始怀疑这个店长是不是在作假？是不是跟员工一起糊弄自己？仅仅是怀疑，又没有直接证据，老板也没办法亲自到店里去核实，要是真去店里核实，一旦这位店长没有弄虚作假，那店长心里会怎样想？于是，老板便安排了一名督导，督导跟店长汇报的内容不一致，现在有确凿的证据，就要惩罚店长，此时的惩罚并不会引起辞职现象，毕竟是店长欺骗了老板，会虚心接受老板的惩罚的。督导和店长之间是一个制衡的关系，如果店长的权力过大，会出现"瞒天过海"的现象，容易把老板架空。

任何一项盈利工具在落地时都会遇到不可预知的问题，有问题就去解决。如果遇到的问题太难，自己没办法解决的话，可以寻求其他人的帮助，可以找同行业的前辈，甚至可以直接到我的线下研讨会提问。众人拾柴火焰高，一个人的能力再大，也不可能面面俱到，要学会借力，只要能让企业盈利，能让企业发展得更好，借用一下别人的力量也未尝不可。

还要重复一点，千万不能把绩效考核当作企业制度去实施，一定要学会灵活运用，不要把惩罚员工当作管理手段，一定要学会激励员工。员工为什么愿意接受你企业烦琐的绩效考核？是因为企业给到员工的薪酬远超同行标准，员工才会愿意接受企业的考核。企业为何支付大于同行的薪酬？那是因为员工的人效高，

在底线考核工具的加持下，创造出比同行员工更高的价值，企业
的整体价值高于同行业，企业盈利还会难吗？

# 产品绩效工具的逻辑

我们用宏观的角度来看一下企业盈利问题，企业之所以能盈利，需要具备三大要素。第一，必须有一批具备终身价值的客户；第二，必须有一支优秀的团队；第三，必须有一款优秀的产品。把这三个要素放到任何一家企业都适用，无非就是客户、团队、产品三个方面，本书前几章分享的企业流程、绩效考核工具是针对团队，下一章要分享的客户服务体系、微信服务平台、客服提成、客户分级等工具主要是针对客户，而本节讲述的产品绩效工具，则主要针对产品。

可能有人会疑惑，听说过工作绩效、员工绩效，产品也有绩效？是的，产品也需要绩效。任何一成不变的产品，都没办法应对瞬息万变的市场环境，你的产品不升级换代，企业就很难实现盈利。如何促使产品升级？这就需要用到产品绩效工具了。这套工具的核心逻辑是让企业及时升级产品，保持市场占有率。

举例说明，曾经风靡一时的诺基亚手机，其产品线十分广，从低端的百元机到高端的万元机，应有尽有。那时的诺基亚手机根本不愁销售。后来为什么基本看不到诺基亚手机了？是因为它的产品不行了，别人都开始生产智能机了，诺基亚还抱着老产品试图在市场上占据一席之地，当然会失败了。

有些企业宁肯耗到企业倒闭，都不愿意主动去给产品升级，宁肯眼睁睁看着企业走下坡路，都不愿意在产品上投入一些精力。笔者见过不少老板，明明已经发现产品不好卖了，不想着去升级产品，反而搞出一堆乱七八糟的制度，逼迫着团队去销售，每当销售数据不理想时，便抱怨销售团队无能，采取更加疯狂的高压政策。试问，既想让企业盈利又不想投入资金升级产品，岂能行得通？

## 盈利工具（21）：产品绩效工具

产品既然要有绩效，那就需要有一个绩效标准。比如，老板如何判断一个产品应该升级了？应该在什么时候升级？这些关键性的问题不能根据感觉去判断，一切要依靠数据说话。

企业选择何时升级产品有三种情况：第一种情况比较极端。企业的产品已经卖不动且不升级时，企业就会倒闭，这时候老板才选择去升级产品或者寻找替代品。这样的老板在现实中有很多，非要榨干产品最后一点剩余价值，才想着实施下一步的计划，这类老板做企业一般做不大，盈利空间就更不用说了。

第二种情况，老板心中对产品盈利多少有个底线，一旦产品的盈利低于这个底线，就果断选择升级。比如，一个产品的正常利润是10元，随着市场饱和、行业竞争，利润逐渐变成了9元，此时老板如果继续销售这个产品，也是依旧能够盈利的，但是老板是有底线的，底线就是10元利润，一旦低于这个底线，立刻选择升级产品。这类老板是比较聪明的，眼光长远，更懂得经营企业的本质。这类老板的企业一般来说做得很不错，盈利情况也会很乐观。

第三种情况，产品的盈利情况很不错，但老板不只专注于自身的产品，还不断去开发新的产品，去世界各地参观考察，当发现一个盈利能力更强的产品时，立刻在自己的企业落地生产。这类企业自身的产品盈利能力就很强，再加上老板更新的产品，那整个企业的盈利会更强。这类老板是真正富有远见的企业家，他们迈出第一步时，已经想到了未来的一百步。

我们留心观察一些近几年的手机行业，就会发现一个明显的特点：手机更新换代的速度太快了！当年苹果4刚上市时，很多人都排队去买，如此火爆的产品根本不愁销售，甚至到了供不应求的地步。那时候苹果手机基本是一个年度发布一款新机。随着华为、小米等品牌的崛起，近几年各类型的手机更新越发频繁，有些型号的手机一年内能达到三次换代。为什么会出现这种情况？归根结底还是盈利欲望的驱使，想要盈利，必须不断提供更新更好的产品。

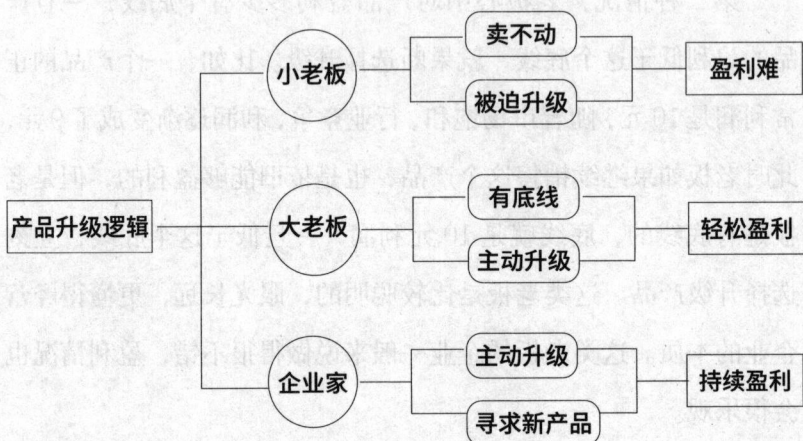

```
                          ┌──── 卖不动 ────┐
            ┌──── 小老板 ──┤              ├──── 盈利难
            │             └──── 被迫升级 ──┘
            │
            │             ┌──── 有底线 ────┐
产品升级逻辑 ──┼──── 大老板 ──┤              ├──── 轻松盈利
            │             └──── 主动升级 ──┘
            │
            │             ┌──── 主动升级 ──┐
            └──── 企业家 ──┤              ├──── 持续盈利
                          └──── 寻求新产品 ─┘
```

产品升级逻辑

　　我们再来看看哈弗汽车。当年哈弗 H6 这款车型上市后得到广大消费者的青睐，一举夺得国产汽车 SUV 领域的冠军，在哈弗 H6 卖得最火爆时，长城汽车做了一个大胆的产品升级，增加了 H5、H2 等车型，一上市便立即成为经典车型，销量也是一路火爆，此后 H6 车型的更新换代速度更快，细分领域更是繁多，当 H6 独占鳌头时，其他车企才反应过来，此时的哈弗汽车已经领先同行业两三年的时间了，整个产品线都领先，这样的企业盈利还会困难吗？让产品永远走在最前沿，领先同行业，这是大企业家的思维。

　　可能有人会说了，苹果、哈弗这样的企业资金雄厚，技术储备强，人家有资本去给产品做升级，而自己的企业规模尚小，根本没有这种实力，那应该怎样做？不可否认，这是客观因素，有很多中小企业碍于资金、研发能力等放弃了对产品的升级，也有一些企业的老板想升级产品，但却没办法落地执行，仅仅停留在"想"的阶段。对此，可以先选择一些成本消耗较少、落地周期短的产品升级。

有了本书前几章的盈利系统，我们还需解决一个客户复购的问题，企业才能形成一个持续盈利的机制。复购的核心是客服系统，企业没有完善的客服系统，就像狗熊掰棒子，掰一个扔一个，不掰就没有。开发完客户又丢掉，再开发再丢掉。建立起客服系统，就解决了客户复购的问题，即使不开发新客户，有老客户不断复购，企业也可以活得很好。如何植入客服系统？下一章详解。

# 第九章

# 中小企业客服系统
## ——私域运营是中小企业
## 持续盈利的根本

1个优质的客户背后会有100个潜在客户,对于企业而言,使用怎样的方法去发掘这100个潜在客户很重要。尤其在当今互联网时代背景下,中小企业与其花费精力开发新客户,不如维护好老客户,开发老客户背后的那100个潜在客户。

# 聚焦客户是盈利的前提

　　每个行业都有每个行业的发展前景，只要这个行业存在，就说明社会需要它、客户需要它。为什么我们在进入某一个行业后无法实现盈利？并不是行业不行，往往是企业的客户定位出现了问题，没有搞清楚企业的客户究竟是谁、在哪里。对于这个观点，有很多人持反对意见，他们认为自己很清楚企业的客户群体是谁，之所以没办法盈利，是因为行业大环境不好。事实真的如此吗？如果真的是行业大环境不好，为什么依旧有企业能赚到钱？我们先不着急寻找答案，来看一则真实的案例。

　　北京海淀区一位张姓老板，开了一家东北菜馆，主打东北菜系，在他的餐馆里几乎可以吃到东北的所有菜品。这样一家种类齐全、味道正宗的餐馆应该很赚钱吧？事实恰好相反，张老板餐馆的盈利率只有可怜的16%，这就意味着他的餐馆根本不赚钱，甚至还会赔钱。

　　笔者来到他的餐馆考察，帮他"把脉"。餐馆面积很大，门口处是一排自选凉菜，餐厅墙壁贴着几样比较知名的东北菜，整体装修风格很有东北味道，感觉环境和卫生都可以接受，那究竟为何不盈利呢？我在他的店里点菜，服务员拿出厚厚一本菜单，前三页都是比较有特色的东北菜，后几页是其他的菜品，比较杂乱，有川菜、湘菜等，最后一页是"盖浇饭"。总体下来，这家东北餐馆的菜品多达 50 个，如果连"盖浇饭"也算上，就会变成 70 多个菜品……

　　我问张老板为何要搞这么多菜品，他回答说："我店位置很不错，周围有两个大型办公楼，一些白领中午去店里吃饭，他们嫌东北菜的上菜速度慢，所以店里慢慢便有了一些其他上菜快的菜品。"张老板说完这句话，我已经清楚是什么原因导致他的餐馆不赚钱了，一句话，"贪心"太重。他既想用招牌东北菜留住客户，又想用其他菜拉拢新客户，由于这种"客户越多越赚钱"的想法，导致他根本赚不到钱。在我的建议下，张老板整顿了菜单，把原来 70 多种菜品删减至 12 种，把小鸡炖蘑菇变成了餐馆的招牌菜。为什么要这样改动？目的只有一个，找准餐馆的客户群体，不再服务那些吃盖饭、川菜的客户，这不是餐馆的目标客户，对于餐馆而言，这类客户不仅无法带来可观的盈利，还会导致餐馆的资源配置分散，无法聚焦。

　　一年后，这家东北餐馆的年营业额突破 1000 万元大关，盈利率从之前的 16% 提高到 40%。而且这个盈利率还有上升空间，因为找准客户群体只是盈利的开始，其后的经营、管理还未升级，所以盈利空间还会上升。

　　企业要盈利，还是要归根到客户身上，不管是开店也好，开公司也罢，客户才是根本。我们要从根本上解决盈利问题，就须从客户着手。我们来思考一个问题：是什么类型的客户支撑企业盈利的？有一个著名的法则叫作"二八法则"，这个法则在企业中同样适用。简言之，客户群体中的20％为企业创造了80％的价值，而这20％的客户指的是那些老客户，重复成交、具有终身价值的客户。我们可以细心观察一下身边那些做得好的企业，哪怕是路边不起眼的一个小超市，你都会发现这些企业之所以赚钱，是因为有很多忠实的老客户在与之反复成交。而我们的企业若想盈利，就需要聚焦这类老客户，而不是耗费大量资源去撒大网。

　　如何让企业拥有忠实且能够反复成交的老客户？答案是服务，用优质的服务把那些反复成交的客户变成忠实的老客户。下面向大家分享一套客户服务工具，这套工具的核心是在不增加企业成本的前提条件下向客户提供优质服务，达到客户满意且重复成交、员工满意且快速赚钱、企业无额外支出且提高盈利的状态。

## 盈利工具（22）：服务体系落地工具

　　一位经营茶叶生意的湖南老板问我：我的企业进入"瓶颈"

期了，不管怎样努力，业绩都没有什么突破，您有没有什么办法？我与她详细交谈一番后，发现她的企业有一个显著特点——非常稳定。拥有稳定的客户群体、稳定的收益、稳定的员工……也正是因为这种太过稳定的现状，导致企业长期不温不火，撑不着也饿不死。

基于她企业的状态，能得到一个很客观的信息——老板是一个小心稳重的人。既然如此，那我给她的方案必然要考虑投入回报比，最好是无风险、零投入，只有这样她才可能去尝试。于是我问她，你企业里的客户都是什么类型的？她思索了一会儿说，有大客户也有散客，散客的数量比较多，大客户数量少，但是很稳定。听完她的回答，我问她是否可以按照客户兴趣划分一下类别，如哪些客户喜欢聚会，哪些客户喜欢旅游，哪些客户喜欢学习。

听完我的话，她脸上露出惊讶的表情，似乎在说：我一个卖茶叶的企业，干吗管客户有啥爱好？她的反应太正常了，我看到过很多这样的反应，因为在大多数老板的思维里，他们只管卖产品，根本不会深入研究客户的喜好。我接着对她说，你的客户群体能不能按照这三种爱好划分一下？

她思考一番后点点头。事实上，不管我们从事怎样的行业，客户群体大致都可以划分成这三种类型。我接着问她，你的企业里有没有喜欢聚会、唱歌的小伙子或者小姑娘？这个问题她回答得很快，因为她的企业里都是一帮年轻人，都喜欢玩。得到肯定回答后，我接着告诉她，你回企业后，先物色一个比较靠谱，并且喜欢聚会、唱歌的人才，给他安排一项任务，任务完成后提拔他做主管，你可以这样说："公司现在计划把100个喜欢聚会的客户交给你管理，你负责组织这些客户的日常聚会，加强和他们的联络，然后费用AA制，你的费用由公司出，如果在此期间有客户成交，我再给你5%的提成。"这位老板照做了，公司一位年轻人小王愉快地接受了这项任务。小王组织客户十天半个月聚会一次，没过多久，小王跟客户已经称兄道弟，客户时不时地会介绍新的订单给小王。

　　小王心里很高兴，这种工作太符合自己口味了。几个月下来，客户"大哥们"给小王介绍的单子越来越多，小王似乎看到了赚钱的方法，已经不再满足5%的提成了。于是小王找到老板，说："老板，最近一段时间我有点扛不住了，白天在公司做业务，下班后还得陪客户……"老板是个聪明人，立刻明白了小王此话背后的含义，于是很爽快地说："小王，你最近辛苦了，这样吧，提成给你涨到15%，但是你和客户吃喝玩乐的钱公司不再负责，需要你自己掏钱，你看怎么样？"小王想，如果提成是15%的话，除去聚会的花费，赚到的钱会更多。于是小王也很爽快地答应了。

　　第一类喜欢聚会的客户就这样解决了，对喜欢旅游和学习的客户，也可以使用同样的加强联络的办法。

　　我们再回过头来看看，在整个活动计划中，企业成本有没有增加？没有增加。除去前期AA制的费用，后期都是由员工自己出钱，只要开单，对于企业来说就是纯赚。说到这里可能有人会问：你说的这些我都懂，但是这种方法能不能落地呢？要是没有客户愿意参加呢？要是没有员工喜欢去做这件事呢？是的，这种活动举办初期参与的客户不会很多，可以先把那些跟企业关系好的客户组织起来，等活动举办的次数多了，参与的人就会变多，就好像笔者自己公司的线下研讨会一样，最开始的时候人也特别少，而坚持十几年下来，如今每次研讨会都有上千人。

在如今这个高速发展的社会中，如果你不强化客户联系，那你的客户就会随时变成别人的客户。所以我们制订客户联系计划，不断地拉近与客户的关系，服务好客户。

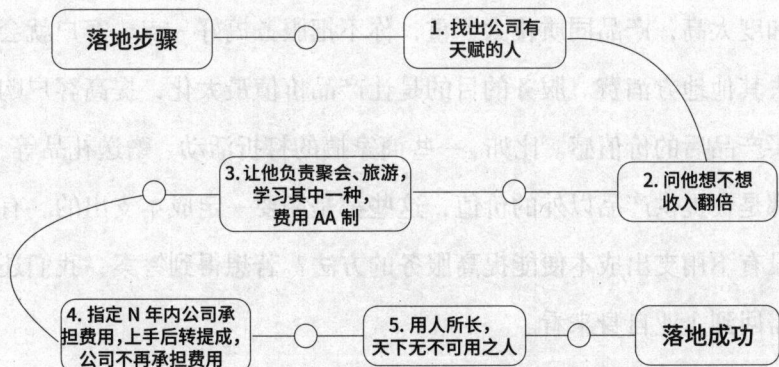

落地步骤 —— 1. 找出公司有天赋的人 —— 2. 问他想不想收入翻倍 —— 3. 让他负责聚会、旅游，学习其中一种，费用 AA 制 —— 4. 指定 N 年内公司承担费用，上手后转提成，公司不再承担费用 —— 5. 用人所长，天下无不可用之人 —— 落地成功

服务体系工具落地五要素

# 微信服务平台凝聚老客户

如今，几乎各行各业都开始讲究"服务"了，因为行业饱和度太高，产品同质化太严重，你不把服务搞好一点，客户就会去其他地方消费。服务的目的是让产品价值最大化，提高客户购买产品后的价值感。比如，一些商家搞的打折活动、赠送礼品等，都是在提供产品以外的价值，这些都是需要一定成本支出的。有没有不用支出成本便能提高服务的方法？若想得到答案，我们还需回到企业自身来看。

在企业内，销售、渠道、市场等部门是能够为企业创造利润的，可以称之为"利润中心"；后勤、客服、行政等部门是没办法为企业创造利润的，可以称之为"成本中心"。任何一家企业几乎都可以这样划分，两个"中心"关系密切，利润中心不断开发客户，而成本中心为了服务好客户不断地支出成本，这种关系似乎是与生俱来的固定模式，至少在大多数老板的思想中是这样认知的。

我们换个思路，逆向思维来想问题：能不能把"成本中心"变成"利润中心"？能不能让无法产生利润的部门为公司产生利润？是有的。下面给大家再分享一个盈利工具，这套工具的特点是让企业以极小的成本换取大收益，同时让员工增加一些额外收入，是一项双赢的小工具。

## 盈利工具（23）：微信服务平台

十年前，笔者的企业处于起步阶段，那时候为了更好地经营企业，我经常出去学习，游走的地方多了，我便成了很多企业的客户。后来，自己的企业进入正轨，便很少再去参加一些基础课程的培训，虽然依旧有不少业务人员邀请我去听课，基本都被我婉言谢绝。只有一次例外。当时我收到一条微信，这条微信是某公司的一名业务员发来的，他是这样写的："智总您好，差不多有一年没与您联系了，虽然没有联系，但我时常都有关注您，看到您的企业越来越好，我从心里为您高兴，我很清楚，我已经无法为您提供更富有价值的帮助，我以一个普通朋友的身份，真心地祝您事业蒸蒸日上，身体健康。"说实话，和许多朋友一样，我每天收到的微信很多，基本都是"诚挚邀请您参加某某课程""某某课程对您很重要""特邀您参加某某活动"，看到这种一个模板刻出来的信息，我的内心毫无波澜，甚至还有些反感，但这条微信却让我内心涌现出一股暖流，想去见一下这位"老朋友"。

　　这件事对我的启发很大，让我想到一句话"以真心换真心"，我们做企业，拿出一颗真心对待客户，客户才会拿出真心回报我们。如果我们总是用一个统一的模板例行公事般去问候客户，等同于糊弄自己，企业怎么可能会经营好？有人可能会产生疑惑了，说自己的企业也会时常给客户发送问候信息，但效果却微乎其微，几乎百分之百的客户不会因一条信息而产生消费。甚至有人会认为这种方式很"落后"，对企业盈利并没有什么帮助。事实上，并不是发给客户的信息没有效果，而是我们自己没有用心把这件事做好。

　　如何发送信息？发送怎样的内容能打动客户？如何凭借信息服务让企业盈利？下面通过一个真实案例，来讲解微信服务平台这套工具如何应用在企业实际经营中。

　　笔者有一个张姓朋友，在山东从事餐饮业，他的企业经营得比较好，但他还想做得更好一些。我给他提出两个方向：第一个是重做战略升级，这个方案风险比较大，他没有采纳。第二个是重做企业服务体系，通过服务提高盈利，这个方案比较稳妥，即便失败损失也不会太大，他欣然接受。在服务升级体系中就涉及微信服务工具，我把这套工具跟他详细讲解后，张老板做了一系列落地举措。

　　张老板做的第一件事是从网上找到两个免费的生日提醒工具。接着，给客服重新安排工作，要求客服人员搞清楚所有客户的生日，并制定了一套问候客户的服务手册。

　　当有客户过生日时，生日提醒工具会弹出来，此时需要客服亲自编写生日祝福微信，不能去网上复制粘贴，当然更不能群发。生日祝福微信须走心。有的客服这样写："您还记得吗？上一次您到我们单位，天气非常好，那天晴空万里，您的心情也特别好，来到我们店里，我们对您的印象很深刻，今天是您的生日，在这里呢，我代表全体员工祝您生日快乐。好久没有来我们店了，欢迎您常回来看看。"试想一下，看见这样的微信，客户可能会立刻想起你的企业，只要客户能想起你的企业，距离成交就不远了。假设你是做餐饮的，客户在看到你的微信后，可能预定一桌生日宴，晚上就过去聚餐，一条微信一毛钱，一桌酒菜 1000 元，客服已经给企业创造了利润。

　　企业性质、行业不同，所使用到的盈利工具必然不同。微信服务平台工具适合餐饮业，但不一定适合所有的餐饮业，一些快餐、简餐行业就不适用。我们在使用盈利小工具时，要选择适合自己企业的，不要生搬硬套。

落地六要素

1. 生日提醒工具 —— 网上自助下载

免费、无成本

2. 工具要保证下载两个 —— 至少两个

3. 客户生日需要提前一天记录 —— 重点：提前一天

4. 客服要找有天赋的人 —— 聪明伶俐、善于沟通

有赚钱欲望

5. 客服使用的手机号、微信号一定要归公司所有 —— 人走号留下，换人不换号

6. 客服人员颜值不能太高 —— 低颜值人员更稳定

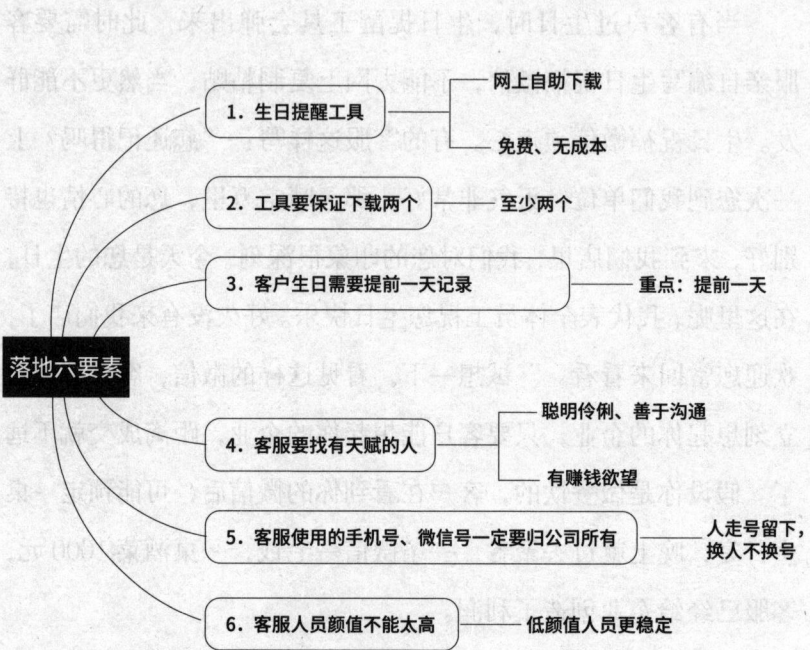

微信服务平台落地核心点

# 客服服务提成机制

"不要把员工当员工，要把员工当合作伙伴"，细想一下，老板与员工之间是不是有一条利益链在串联？这条利益链越粗，老板与员工之间的关系越牢固，企业的根基就会越深厚，越富有发展动力。回忆一下自己的企业，那些跟着自己一起创业的老员工，他们在企业中的功劳很大，得到的利益也很丰厚，这类员工也会更加忠实。而那些"一言不合便离职"的员工，他们在企业中得到的利益并不多，离职与否对他们来说是一件无所谓的事情，所以他们能做到随时离开企业。

使用微信服务平台工具后一旦产生利益，利益分配就变成一个需要仔细斟酌的问题。假设一个企业的客服人员通过微信服务给公司创造了利润，但这个客户原本是属于某个业务员的，却在客服人员手中开单，利益如何划分？很简单，业务员、客服人员都有提成。

通常情况下，30%给销售员，30%给客服人员，40%给公司。这样分配，客服、销售人员都会有干劲儿，因为销售只管把成交后的客户交给客服，客服让客户复购以后的业绩跟销售依旧有关系，销售在家里可以躺着赚钱。有老板会问："依照您这样的分配比例，那我的企业岂不是没有利润空间了？"听到这样的提问，我就知道他的格局还没有打开，还没有完全弄清楚这套盈利工具的底层逻辑。事实上，在实际落地过程中，这样的分配比例是极具驱动力的，只要能落地，客服、销售会拼命干，并且企业的员工薪资要远远高出同行业，企业的盈利能力也会超出同行业。

原理很简单，假设客服的行业平均工资是4000元，公司的客服有30%的提成，一个月客服开5单，平均一单有100元的提成，那客服月薪就变成了4500元。试问做客服的员工清不清楚同行业的薪资水平？他们很清楚。在你的企业能赚4500元，他们不会轻易离职，因为跟着你干，能赚到更多钱。销售员亦是如此，只要客服开单，他就有30%的提成，何乐而不为呢？对于公司来说就更赚了，没有付出任何成本，白白得到40%的利润，难道不好吗？分配比例不是固定的，如果企业的行业性质不同，分配比例是可以自己调整的，切记一点：想要让员工富有动力地去工作，就需要我们给予员工更大的利益，不要用制度去控制员工的行为，要学会用利益去控制员工的行为。这是聪明的老板应有的思维逻辑。

下面继续分享另外一套工具，叫作"客服提成机制"，这套小工具具有强大的灵活性，不仅能激发员工的动力，还能适应企业的战略走向，是一套很适用于中小企业的盈利工具。

## 盈利工具（24）：客服提成机制

　　笔者见过太多中小企业的这种状况：本来企业规模就比较小，客户较少；但销售员一直抱着仅有的几个老客户当救命稻草，老板三令五申让销售开发新客户，销售却想，开发新客户多困难？我成交老客户照样拿提成，何必费那个劲儿。结果就可想而知了，企业无法实现突破性盈利。对于这类情况，客服提成机制就显得格外重要，现如今很多大型企业都在使用这种提成机制。企业希望重复成交老客户，同时又希望获得源源不断的新客户，于是，一个全新的客服提成机制就此诞生。销售人员开发一个新客户，将会获得20%的提成，如果这个客户在销售员手中继续二次成交，那销售员只能获得10%提成，以此类推……这一条机制有没有损害销售员的利益？当然损害了，因为提成越来越少，销售员赚到的钱也会相对减少。老板做企业一定不能损害员工的利益，在一方面损害到销售员利益后，必须要在另一方面弥补回来。于是另外一条弥补机制就出现了，销售员开发新客户后，如果客户是通过客服人员实现二次成交的，那么销售员会一直享有10%的业绩提成，这个提成是永远不变的，不管这个客户重复成交多少次，提成始终都是10%。对此销售员会很开心接受的，因为当他们与新客户成交后，这个客户再也不需要自己花费时间去服务了，只需要把客户交给客服，只要客服那边成交，自己就是躺着赚钱。

客服部门的提成则是这样的：客服人员在服务客户过程中，如果实现成交，将会获得1%的提成。有人就会说了，客服辛辛苦苦成交个客户，结果才1%的提成，是不是太少了？客服动力不足，也没办法成交客户。先不要着急，我们一定要清楚公司的目的，公司的目的是重复、多次成交老客户，就需要灵活多变的客服提成机制，这个1%的提成是针对客服第一次成交设定的。接下来，当客服第二次成交同一个客户时，提成就会大幅提高，会变成10%，第三次成交后提成变成15%……第二次、第三次成交后的提成更具有吸引力，客服人员自然会努力多次成交客户。

这个机制的核心只有一点：客服人员第一次成交的提成比例一定要很低，反复成交后的提成一定要高，只有这样，客服人员才会有更大的工作动力。当企业落实这套机制后，企业内部会出现一个现象：销售人员已经不再重复成交老客户，因为重复成交老客户赚不到钱，而且在老客户身上花费的服务时间太多，既然新客户提成高，那就不停地开发新客户，一旦新客户成交，销售员会立即将客户移交给客服，然后坐等客服出业绩，自己躺着拿提成，何乐而不为？

客服这边呢？客服不断地服务老客户，第一次成交后当然不满足，因为第一次成交的提成比例低，大家会想着第二次、第三次成交。如此一来，企业就出现了销售员不断地开发新客户，客服则不断地二次、三次成交……销售部、客服部互相抢着干，看谁赚的钱多，企业运转就会更加稳定，盈利会更多。

这套提成机制其实具备很高的灵活性。以上是以"销售员开发新客户、客服人员重复成交老客户"的目标所制定的提成标准。假如我们换成"销售员、客服不断重复成交老客户"，那其提成机制就要相应地变成"客服、销售员首单提成低，第二、第三单提成高"的形式。我们在实际经营企业的过程中，任何盈利工具都是服务于企业战略目标的，要学会根据目标修改盈利工具落地的具体措施。

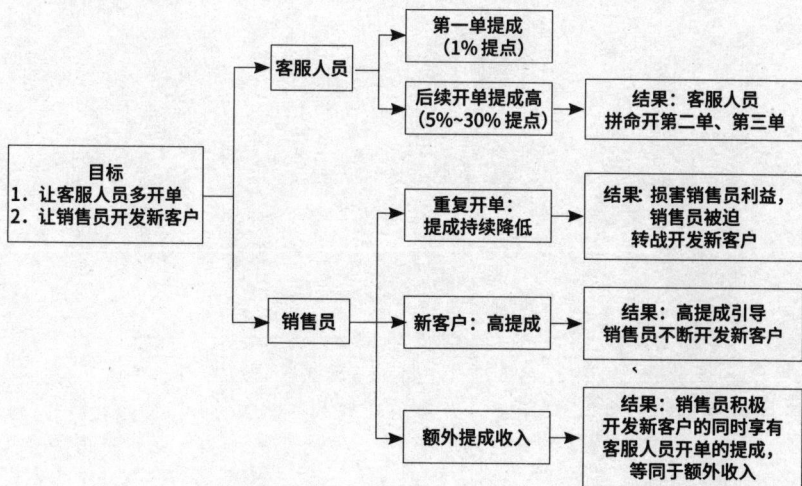

客服提成机制逻辑导图

　　拿笔者自己的企业来说，在落实客服提成机制之前，我们企业已经搭建了微信服务平台。现在是大数据时代，如果没有这些客户数据，你根本不知道怎么去跟客户聊天，也就没办法与客户成交。我们企业里，每个客服负责 2000 个客户，当客户过生日时，客服会亲自编发微信，有时会打电话祝福，别小看这个小举动，在客户过生日的时候成交率会变得比较高，2000 个客户平均能有 5% 的成交率。

# 客户分级助力企业持续盈利

笼统地讲，企业中的客户分为两个级别：第一个是普通客户，这类客户占据客户整体的80％左右；第二个是富有价值的客户，这类客户占据客户的20％左右。企业的盈利点来自价值更大的客户。我们可以根据企业自身情况划定一条价值线，按客户价值划分客户级别。比如，一家商贸型企业，他的最低价值线是100万元，年度贡献超过100万元的客户都可以称之为富有价值的客户。那么，一位客户的年度贡献价值是100万元，另一位客户的年度贡献价值是1000万元，企业如何维护这两位客户？是统一标准，还是再次细分等级、精准服务？这就是我要分享的客户分级工具，我们要把那些富有价值的客户再次细分，分得越细，企业为这些客户提供的服务就会更精准、更丰富，客户与企业的合作关系就会更牢固。

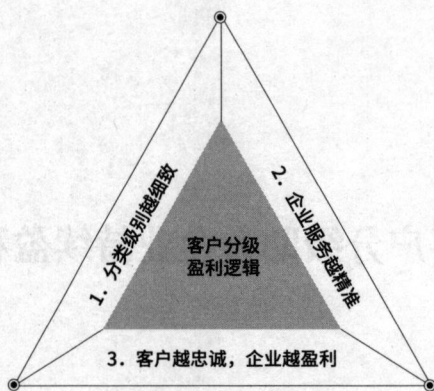

客户分级盈利逻辑

　　如何划分客户等级？如何向不同级别的客户提供更加精准的服务？我们先不要着急寻找答案，来看一则有趣的小故事。

　　森林里有一只非常善于经商的兔子，他把收集来的水果、鲜草等商品贩卖给其他动物，依靠聪明的头脑，兔子的小店很快在森林里有了名气。有一天，兔子在路上遇到山羊，兔子很热情地请山羊到附近的酒店吃了一顿，酒足饭饱之后山羊很开心，拍着兔子的肩膀说道："好兄弟，多谢你的款待，来年咱们的生意照旧哦！"兔子也很开心，心里合计起来：去年山羊在我店里消费3万元，我计划拿出3000元钱服务山羊，今天请客吃饭花了1000元，如今还剩下2000元，等过阵子买些礼物送给他，没准明年他还能多消费一点。

　　就在兔子合计这些事情时，身后有人拍了拍他的肩膀，兔子回头一看，原来是老朋友犀牛大哥。"哎呀，原来是犀牛大哥呀，咱哥俩可是好久不见了，您最近忙啥呢？""兄弟，不瞒你说，最近我的买卖亏了不少，如今手头紧张，连吃饭都快成问题了。"犀牛一脸忧愁。兔子想：犀牛大哥去年在我店里消费了8万元，这可是个大客户，我本来打算拿出8000元服务他，如今他有了难处，倒不如我直接送给他8000元，反正这些钱原本就是计划给他的。兔子拍着犀牛的肩膀，说道："犀牛大哥，小弟出门急，也没带多少钱，我兜里还有8000元，你先拿去花，不够了再跟小弟说。"犀牛看着眼前的8000元，内心十分感激，心里暗暗发誓：待我翻身之日，必然要照顾兔子兄弟的生意。

告别犀牛后，兔子继续往自己的小店走，刚走到店门口，就遇到熟悉的老虎大哥。只见老虎有些窘迫地在店门外徘徊，似乎有什么难以启齿的事情。兔子对老虎说道："老虎大哥，怎么在门口站着，走走，进去喝杯茶，咱哥俩好久不见了呢！"老虎跟着兔子来到店里，喝了一杯茶后，老虎才有些难为情地说道："兔子兄弟，有件难事，我想请你帮忙。"兔子十分吃惊，老虎大哥可是整个森林里有名的富豪，他能有什么难事？老虎说："我现在急需1万斤新鲜水果，但是资金都压在公司里了，想着兔子兄弟能否帮忙，先借我1万斤水果应急，等我周转过来，一定准时奉还。"

兔子听完此番话，心里想：老虎可是我小店的超级VIP，去年一共消费了20多万元，按照我的计划，应该拿出2万元来回馈他。

如果这2万元折算成水果，也就8000斤……于是，兔子对老虎说道："老虎大哥，你放心，你的忙我一定会帮！现在我店里只有8000斤水果，您全拿走，剩下的2000斤我再想想办法！"此话说完，老虎已经感动得泪如雨下，他一边擦眼泪，一边激动地说："兔子兄弟，这次你帮大哥大忙了，以后大哥公司里的所有商品，都由你供给，咱就是长久合作伙伴！"

三年后，兔子成为森林里赫赫有名的大富豪，人们分析兔子成功的原因，有人认为兔子乐于助人、朋友多，所以成功；有人认为兔子善良、聪明，所以成功；还有人说兔子有格局、有头脑，所以成功……那么，你认为兔子为什么会成功呢？

我们可不可以像兔子一样把客户分类？可不可以从客户带给我们的利润中拿出一部分回馈给客户？可不可以把这一部分回馈客户的钱当作服务客户的标准？答案是肯定的。在笔者自己的企业里，是这样划分客户等级的：为企业带来的年利润为5万元以下的客户为A类客户，这类客户享受企业的标准服务，但没有任何回馈金。做企业不是搞慈善，太过人情世故就会把企业拖垮。接下来就是B类客户，这类客户每年能为企业带来5万～20万元的利润，享受企业里的中端服务，并且企业拿出客户总利润的10%去回馈客户。然后是C类客户，这类客户为企业带来的年利润总和在20万～50万元，此类客户享受企业的高端服务，企业拿出10%的利润回馈客户，假如客户的年利润是50万元，就拿出5万元回馈客户。

　　回馈金的方式有点"礼尚往来"的味道,这让我想起了温州人,温州人做生意很厉害,他们能把生意做到全国各地,能跟全国各地的人成为朋友,而他们就是依靠这种"礼尚往来"的经营智慧获得成功的。温州人做生意很有原则,比如说一个朋友要来企业考察,接待这位朋友的费用是 5000 元,结果只花了 3000 元,那剩下的 2000 元就买东西,临走时送给朋友。而我们如今许多企业家是怎么做生意的呢?不管什么客户来企业考察,只有一个原则:能省则省,老板纠结,客户尴尬,最后大家落得个不欢而散。

　　最后是 D 类客户,这类客户是企业的 VIP 客户,为企业带来的总利润在 50 万~200 万元,这类客户由老板亲自服务。给这类 VIP 客户的回馈金也是按照 10% 的标准,但这类客户允许欠账。现在的许多大经销商,他们一年为企业能带来巨额业绩,年底时企业就会给这些经销商一些回馈,有的企业送车,有的企业送东西。这些钱是企业自己出的吗?当然不是,都是提前从经销商的销售额里预留出来的,是原本就计划回馈经销商的。当这些大经销商在年底时得到企业送来的一辆小汽车,第二年他会继续努力干,甚至还想着跟这种"大方"的企业长久合作,若是所有的经销商都这样想,企业盈利还是难事吗?

　　把客户分为 A、B、C、D 4 个等级,并且回馈客户的利润比例为 10%,这是我们根据自己企业实际情况而定的。其他企业,可根据自己的实际情况来划分,可以把客户分成 4 个、5 个、6 个级别,回馈金也可以变成 5%、10%、15%,不管数字如何变化,核心逻辑是不变的。如果我们的企业能把这套客户分级工具落地，就会出现一个现象：A级客户慢慢会发展成B级，B级客户会发展成C级，C级客户会变成D级，这个不断变化的过程，就是企业不断发展、不断盈利的过程。

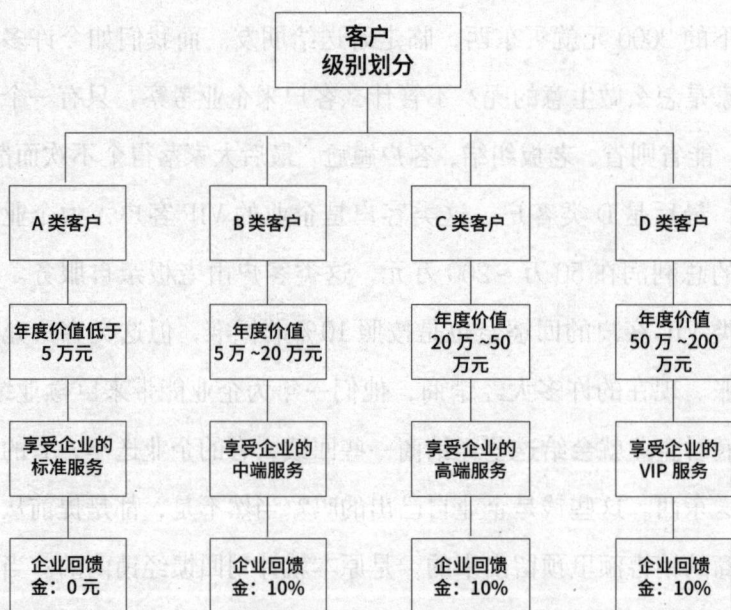

```
                    ┌──────────┐
                    │   客户   │
                    │ 级别划分 │
                    └──────────┘
    ┌──────────┬──────────┴──────────┬──────────┐
 ┌──────┐   ┌──────┐           ┌──────┐     ┌──────┐
 │A类客户│   │B类客户│           │C类客户│     │D类客户│
 └──────┘   └──────┘           └──────┘     └──────┘
```

| A 类客户 | B 类客户 | C 类客户 | D 类客户 |
|---|---|---|---|
| 年度价值低于5万元 | 年度价值5万~20万元 | 年度价值20万~50万元 | 年度价值50万~200万元 |
| 享受企业的标准服务 | 享受企业的中端服务 | 享受企业的高端服务 | 享受企业的VIP服务 |
| 企业回馈金：0元 | 企业回馈金：10% | 企业回馈金：10% | 企业回馈金：10% |

客户级别划分示意图

有人会问：客户为企业创造的利润越多，给予的回馈金越多，企业的利润不就变少了吗？企业还指望什么盈利呢？我们做企业，需要看到长久的利益。当把回馈金给到客户时，客户会很开心的，因为他在你的企业消费，能得到好的消费体验，会想着跟你继续合作。只有客户长期、重复与我们合作，企业的利益才会持久且逐步上升。

任何能让企业盈利的工具、系统、制度、模式等，都有独到的内在逻辑，我们不应该被工具的表象迷惑，而应该清楚盈利的本质，以开阔的思维方式去看待这些盈利工具才是最重要的，只有看透盈利的本质，我们在落地实施的过程中，才能做到灵活运用，所谓的盈利工具才会发挥出它应有的价值。

企业盈利简单来说就是要做好九大系统：1.战略系统；2.组织系统；3.文化系统；4.势能系统；5.机制系统；6.流程系统；7.绩效系统；8.执行系统；9.客服系统。

附录

# 股权代持协议

签订地点：　　　市　　　区

签订时间：　　年　月　日

编　　号：　2021×××

隐名股东：＿＿＿＿＿＿＿＿＿＿＿＿＿（以下简称甲方）

身份证号：＿＿＿＿＿＿＿＿＿＿＿＿＿

代持股东：＿＿＿＿＿＿＿＿＿＿＿＿＿（以下简称乙方）

身份证号：＿＿＿＿＿＿＿＿＿＿＿＿＿

其他股东1：＿＿＿＿＿＿＿＿＿＿＿＿（以下简称丙方）

身份证号：＿＿＿＿＿＿＿＿＿＿＿＿＿

其他股东2：＿＿＿＿＿＿＿＿＿＿＿＿（以下简称丁方）

身份证号：＿＿＿＿＿＿＿＿＿＿＿＿＿

鉴于：

_____有限公司（以下简称"标的公司"）由甲方作为隐名股东实际投资，特委托乙方代持甲方股份进行市场监督管理局登记，甲乙双方对股权代持事宜协商一致，其他股东也对乙方代持甲方股份事宜知悉且无异议。甲乙双方达成协议如下：

### 第一条　标的公司简述

注册资本：_____（万元）注册地址：_____

经营范围：_____

### 第二条　标的公司股权结构

标的公司各股东各持股比例：甲方持股 _____%，乙方持股 %，丙方持股__%，丁方持股__%，各方股东取得标的公司股权合法合规，不存在法律、法规的禁止规定。

### 第三条　标的公司注册资本金缴纳情况

标的公司注册资本金___元。甲方认缴___元，实缴___元；乙方认缴____元，实缴____元；丙方认缴 ____元，实缴____元；丁方认缴____元，实缴___元。

**第四条　甲方委托乙方代持在标的公司全部股权，以乙方身份在市场监督管理局登记**

**第五条　乙方权利义务**

1. 乙方无偿为甲方代持股份。

2. 乙方应当及时向甲方披露标的公司经营情况，需按照甲方书面授权代甲方行使表决权，甲方对表决结果负责。乙方行使表决权不得损害甲方利益。

3. 因代持股权所产生的分红由甲方享有，分红款乙方出具声明指定公司打入乙方账户，乙方再把该分红款打给甲方提供的收款账户。

4. 因代持股份所产生的债务由甲方承担。

5. 乙方不得擅自将代持股份进行转让、质押或对外提供担保，否则给甲方造成的损失由乙方承担赔偿责任。但甲方书面授权乙方做出上述行为的情况除外。

6. 乙方在征得甲方同意的情况下，可以将代持股权进行转让，收益权归甲方享有。

7. 乙方上述权利义务甲方、丙方、丁方均表示同意。

**第六条　继承条款**

1. 如甲方意外身故，代持股份按照《中华人民共和国民法典》的规定由甲方继承人继承，乙方需按照甲方继承人的指示将代持股权进行转让，如甲方继承人要求乙方继续代持，另行签订《股权代持协议》。

2. 如乙方意外身故，乙方继承人无权继承代持股份，代持股份返还甲方。

**第七条　甲、乙双方对本协议及标的公司相关商业秘密负有保密义务**

**第八条　违约责任**

本协议各方当事人不得违约，如因违约给其他合同当事人造成损失，应当承担赔偿责任。

**第九条　因本协议履行产生争议，各方协商解决，协商不成由_____仲裁委员会裁决**

**第十条　本协议的生效**

本协议一式两份，甲、乙双方及其他股东签字或盖章后生效。双方各执一份具有同等法律效力。

**第十一条　本协议的解除**

1. 甲、乙双方协商一致，可解除本协议。

2. 甲方对本协议具有任意解除权。

3. 乙方在标的公司经营出现重大问题，足以影响乙方人身或财产安全的情况下有权提出解除，甲方应无条件配合。

4. 协议解除后乙方需按照甲方要求将代持股份转让给甲方指定的新股东。

**第十二条　本合同未作约定的，按照《中华人民共和国合同法》的规定执行**

**第十三条　其他约定事项**

_____

_____

_____


甲方：


乙方：


其他股东：


年　月　日

温馨提示：

本协议适用于实际投资人本人不适宜作为显名股东登记，需要他人代持股份的情况。本协议的重点在于既要保护实际投资人的分红权和表决权，又要保护代持人不承担代持股权的债务风险。

（本协议供参考借鉴，请企业根据实际情况调整使用，必要时由贵司法律顾问审核后再使用。）

# 管理技术身股虚拟股合同

甲方：_____身份证号：_____

乙方：_____身份证号：_____

根据《中华人民共和国合同法》的有关规定，经甲、乙双方友好协商，本着长期平等合作，互利互惠的原则，现就合伙经营_____事宜，达成以下协议：

## 一　合伙宗旨

为合法经营_____销售业务，逐步扩大经营，实现利润，甲、乙双方共同按照本协议约定投资比例、风险比例和利润分成比例合伙经营。

## 二　合作企业的名称和经营场所的地点

合伙企业的名称：_____

经营场所地址：____省____市____区_____路____号

## 三　合作方式及条件

1. 经甲、乙双方友好协商，乙方为合作店铺或者公司的主要负责人，具体负责日常经营管理，甲方享有知情权，但不得随意干涉乙方独立经营和管理；如甲方提出有利于公司发展的建议，乙方可酌情处理采纳；乙方因经营和管理需要的，甲方应配合乙方提供各项支持。

2. 乙方以现有的市场营销网络及社会资源为基础，更进一步地开发市场潜力，逐步形成一个规范化的营销网络，应竭尽全力把公司品牌形象及日常管理和销售业绩做好。

3. 甲方亦应利用现有社会资源，积极协助开拓经营业务。

4. 乙方以虚拟入股方式负责店铺或者公司运营及管理，持有店铺或者公司总股份____％的虚拟股。(虚拟股不为公司实际股东，仅享有公司利润的分红，而无所有权和其他权利；不得转让和继承。)

## 四　利益分配

1. 每月或者每季度以及每年会计核算，根据店铺或者公司的税后利润分配乙方虚拟股的利润。

2. 甲方每月或者每季度以及每年可得分红为乙方所持虚拟股份应得的分红利润。

3. 分红的取得：

扣除应交税款后，甲方按以下方式将乙方可得分红给予乙方。

3.1 在确定乙方可得分红的七个工作日内，甲方将乙方可得分红支付给乙方。

3.2 乙方取得的虚拟股分红以人民币形式支付，除非乙方同意，甲方不得以其他形式支付。

4. 乙方在获得甲方授予的虚拟股的同时，仍可享受店铺或者公司管理人员的正常待遇以及销售提成。待遇：_____
_____。

**五    特别约定条款**

1. 凡涉及由甲、乙双方共同经营的项目、资金有关的所有材料，包括但不限于资本营运计划、财资情报、客户名单、经营决策、项目设计资本融资和计划书等均属保密内容。

2. 在合伙项目终止之前，甲、乙双方均不得独自经营与合伙经营业务相同或相类似的业务。

**六   考核条例**

1. 本店或者公司经营管理者必须在半年内完成总业绩____
_____，或者单月平均数不低于_____。

2. 半年内的利润与单月平均利润数不低于_____，

如低于目标的 _____ 比例，甲方将把乙方分红股降到 ___ 比例，甲方将有权随时收回乙方的所有分红权与职务权。

## 七　违约

1. 如乙方违反本合同相关规定，甲方有权提前解除本合同。

2. 如甲方违反本合同第四条的约定，则应向乙方支付相应的赔偿。

## 八　争议的解决

1. 友好协商

如果发生由本合同引起或者相关的争议，双方应当首先争取友好协商来解决争议。

2. 仲裁

如果双方协商不成，则将该争议提交甲方所在地的劳动争议仲裁委员会仲裁。

## 九　其他

1. 本协议未尽事宜，双方协议签订补充协议，与本协议同样具有法律效力。

2. 本协议一式两份，双方各执一份。

3. 本协议经双方签字和捺手印后立即生效。

甲方：　　　　　　　　　　　　　乙方：


签订时间：　　　　　　　　　　　签订时间：

温馨提示：

请根据企业的实际情况调整及完善本协议，必要时由法律顾问审核使用。

# 发起股东合作协议书

编号：2020×××

甲方：_____ 身份证号：_____

乙方：_____ 身份证号：_____

甲、乙双方拟共同投资设立 _____ 有限公司（以下简称公司）。双方经友好协商，根据《中华人民共和国合同法》《公司法》等相关法律规定签订本协议。以下条款为双方真实意思表示：

**一　拟设立的公司名称、住所、法定代表人、注册资本、经营范围及性质**

1. 公司暂定名称：_____ 有限公司（具体以工商部门核准为准）

2. 注册地址：_____

3. 法定代表人：_____ 职务：_____

4. 注册资本：_____元

5. 经营范围：_____（具体以工商部门批准经营的项目为准）

## 二　公司成立前期启动资金的出资及支付方式

1. 启动资金_____元。

2. 甲方出资_____元，占启动资金的_____%。

3. 乙方出资_____元，占启动资金的_____%。

4. 该启动资金主要用于公司前期开支，包括租赁、装修、购买办公设备与人员工资等，如有剩余作为公司开业后的流动资金，股东不得撤回。

5. 在公司账户开立前，该启动资金存放于甲、乙双方共同指定的临时账户（开户行：_____ 账号：_____ _____）。公司开业后，该临时账户内的余款将转入公司账户。

6. 甲、乙双方均应于本协议签订之日起_____日内将各应支付的启动资金转入上述临时账户。

### 三 公司注册时股东认缴出资、实缴出资、持股比例及支付方式

1. 公司的注册资本为人民币_____元整。

2. 甲方以货币出资，认缴_____元，占公司_____%的股权。分_____次缴足。于_____年____月___日完成实缴资金_____元，_____年____月___日完成实缴资金____元，于_____年____月___日完成实缴资金_____元。

3. 乙方以货币出资，认缴_____元，占公司____%的股权。分____次缴足。于____年____月____日完成实缴资金____元，于____年____月____日完成实缴资金____元，于____年____月____日完成实缴资金____元。

4. 甲、乙双方均应于公司账户开立之日起____日内将各应缴纳的注册资金存入公司账户。

5. 该注册资本主要用于公司注册时使用，并用于公司开业后的流动资金，股东不得撤回。

6. 股东违反上述约定，应按本协议第9条第1款的约定承担违约责任。

7. 甲、乙双方以认缴的出资额为限对公司债务承担连带责任。

#### 四 公司管理及职能分工

1. 公司不设董事会，设执行董事和监事，任期三年。

2. 甲方为公司的执行董事兼总经理，负责公司的日常运营和管理，具体职责包括：

（1）办理公司设立登记手续；

（2）根据公司运营需要招聘员工（财务会计人员须由甲、乙双方共同聘任）；

（3）审批日常事项（涉及公司发展的重大事项，须按本协议第4条第4款处理；甲方财务审批权限为 ＿＿＿＿＿＿ 元人民币以下，超过该权限数额的，须经甲、乙双方共同签字认可，方可执行）；

（4）公司日常经营需要的其他职责。

3. 乙方担任公司的监事，具体负责：

（1）对甲方的运营管理进行必要的协助与支持；

（2）检查公司财务；

（3）监督甲方执行公司职务权限的行为；

（4）公司章程规定的其他职责。

4. 重大事项处理：

公司不设股东会，遇有如下重大事项，须经甲、乙双方达成一致决议后方可进行：

（1）拟由公司为股东、其他企业、个人提供担保的；

（2）决定公司的经营方针和投资计划；

（3）《公司法》第三十八条规定的其他事项。

对于上述重大事项的决策，甲、乙双方意见不一致的，在不损害公司利益的原则下，按如下方式处理：＿＿＿＿＿＿＿＿。

5. 除上述重大事项需要讨论外，甲、乙双方一致同意，每周或者每月进行一次股东例行会议，对公司上阶段经营情况进行总结，并对公司下阶段的运营进行计划部署。

## 五　资金、财务管理

1. 公司成立前，资金由临时账户统一收支，并由甲、乙双方共同监管和使用，一方对另一方资金使用有异议的，另一方须给出合理解释，否则一方有权要求另一方赔偿损失。

2. 公司成立后，资金将由开立的公司账户统一收支，财务统一交由甲、乙双方共同聘任的财务会计人员处理。公司账目应做到日清月结，并及时提供相关报表交甲、乙双方签字认可备案。

## 六　盈亏分配

1. 利润和亏损：甲、乙双方按照实缴的出资比例分享和承担。

2. 公司税后利润，在弥补公司前季度亏损，并提取法定公积金（税后利润的10%）后，方可进行股东分红。股东分红的具体制度为：

（1）分红的时间：每季度第一个月第一日分取上个季度

利润。

（2）分红的数额：上个季度剩余利润的 60%，甲、乙双方按实缴的出资比例分取。

（3）公司的法定公积金累计达到公司注册资本 50% 以上，可不再提取。

（4）每年度进行分红，分本年度剩余利润的 60%，甲、乙双方按实缴的出资比例分取。

### 七　转股或退股的约定

1. 转股：公司成立起＿＿＿年（含）内，股东不得转让股权。自第＿＿＿年起，经一方股东同意，另一方股东可进行股权转让，但内部创始股东享有优先转让权，如转给外部股东必须要 60% 的股东同意后，方可进行转让。

若一方股东将其全部股权转让予另一方导致公司性质变更为一人有限责任公司的，转让方应负责办理相应的变更登记等手续，但若因该股权转让违法导致公司丧失法人资格的，转让方应承担主要责任。

若拟将股份转让予第三方的，第三方的资金、管理能力等条件不得低于转让方，且应另行征得未转让方的同意。

转让方违反上述约定转让股权的，转让无效，转让方应向未转让方支付违约金。

2. 退股：

（1）一方股东，须先清偿其对公司的个人债务（包括但不限于该股东向公司借款、该股东行为使公司遭受损失而须向公司赔偿等）且征得另一方股东的书面同意后，方可退股，否则退股无效，拟退股方仍应享受和承担股东的权利和义务。

（2）股东退股：若公司有盈利，则公司总盈利部分的60%将按照股东实缴的出资比例分配，另外40%作为公司的资产折旧费用，退股方不得要求分配，分红后，退股方方可将其原总投资额退回。

若公司无盈利，则公司现有总资产的80%将按照股东出资比例进行分配，另外20%作为公司的资产折旧费用，退股方不得要求分配。此种情况下，退股方不得再要求退回其原总投资。

（3）任何时候退股均以现金结算。

（4）因一方退股导致公司性质发生改变的，退股方应负责办理退股后的变更登记事宜。

3. 增资：若公司储备资金不足，需要增资的，各股东按出资比例增加出资，若全体股东同意也可根据具体情况协商确定其他增资办法。

若增加第三方入股的，第三方应承认本协议内容并分享和承担本协议下股东的权利和义务，同时入股事宜须征得全体股东的一致同意。

### 八　协议的解除或终止

1. 发生以下情形，本协议即终止：

（1）公司因客观原因未能设立；

（2）公司营业执照被依法吊销；

（3）公司被依法宣告破产；

（4）甲、乙双方一致同意解除本协议。

2. 本协议解除后：

（1）甲、乙双方共同进行清算，必要时可聘请中立方参与清算。

（2）若清算后有剩余，甲、乙双方须在公司清偿全部债务后，方可要求返还出资、按出资比例分配剩余财产。

（3）若清算后有亏损，各方以出资比例分担，遇有股东须对公司债务承担连带责任的，各方以出资比例偿还。

### 九　违约责任

1. 任一方违反协议约定，未足额、按时缴付出资的，须在____日内补足，由此造成公司未能如期成立或给公司造成损失的，须向公司和守约方承担赔偿责任。

2. 除上述出资违约外，任一方违反本协议约定使公司利益遭受损失的，须向公司承担赔偿责任，并向守约方支付违约金____元。

3. 本协议约定公司持股人参与公司业务及财务各事项，非持股人不得插手干预，若有违反对公司造成损失的，须向公司和守约方赔偿造成的经济损失。

## 十　其他约定

1. 本协议自甲、乙双方签字之日起生效，未尽事宜由双方另行签订补充协议，补充协议与本协议具有同等的法律效力。

2. 本协议约定中涉及甲、乙双方内部权利义务的，若与公司章程不一致，以本协议为准。

3. 对本协议发生争议，双方应尽量协商解决，如协商不成，可将争议提交至公司住所地有管辖权的人民法院诉讼解决。

4. 本协议一式两份，甲、乙双方各执一份，具有同等的法律效力。

甲方（签章）：

乙方（签章）：

签订时间：　　　年　月　日

温馨提示：

本协议供参考借鉴，请企业根据实际情况调整使用，必要时由贵司法律顾问审核后再使用。

# 授予核心部门分红股协议书

甲方：_____

乙方：_____

鉴于乙方以往对甲方的贡献和为了激励乙方更好地工作，也为了使甲、乙双方进一步提高经济效益，经双方友好协商，双方同意甲方以虚拟股的方式对乙方的工作进行奖励和激励。为明确双方的权利义务，特订立以下协议：

## 一 定义

除非本合同条款或上下文另有所指，下列用语含义如下：

1. 股份：指_____公司在工商部门登记的注册资本金，总额为人民币_____万元,按每股人民币_____元计，共计_____股。

2. 虚拟股：指_____公司名义上的股份，虚拟股拥有者不是指甲方在工商注册登记的实际股东，虚拟股拥有者仅享有参与公司年终利润的分配权，而无所有权和其他权利；不得转让和继承。

3. 分红：指 _____ 公司年终按照公司章程规定可分配的利润。

## 二 甲方根据乙方的工作表现，授予乙方虚拟股_____股

1. 乙方取得的虚拟股股份记载在_____公司内部虚拟股股东名册，由甲、乙双方签字确认，但对外不产生法律效力；乙方不得以此虚拟股对外作为在甲方拥有资产的依据。

2. 每个会计年终，根据甲方的税后利润计算每股的利润。

3. 乙方年终可得分红为乙方的虚拟股股数乘以每股利润。

## 三 分红的取得

在扣除应交税款后，甲方按以下方式将乙方可得分红给予乙方。

1. 在确定乙方可得分红的 7 个工作日内，甲方将乙方可得分红的 50% 支付给乙方。

2. 乙方取得的虚拟股分红以人民币形式支付，除非乙方同意，甲方不得以其他形式支付。

3. 乙方可得分红的其他部分暂存甲方账户并按同期银行利息计，按照下列规定支付或处理：

a. 本合同期满时，甲、乙双方均同意不再继续签订劳动合同的，乙方未提取的可得分红在合同期满后的三年内，由甲方按每年 _____ 分之一的额度支付给乙方。

b. 本合同期满时，甲方要求续约而乙方不同意的，乙方未提取的可得分红的一半由甲方在合同期满后的五年内按均支付；可得分红的另一半归属甲方。

c. 乙方提前终止与甲方签订的劳动合同或者乙方违反劳动合同的有关规定或甲方的规章制度而被甲方解职的，乙方未提取的可得分红归属甲方，乙方无权再提取。

**四　乙方在获得甲方授予虚拟股的同时，仍可根据甲、乙双方签订的劳动合同享受甲方给予的其他待遇**

**五　合同期限**

1. 本合同期限为 ____ 年，于 ____ 年 __ 月 __ 日开始，并于 ____ 年 __ 月 __ 日届满。

2. 合同期限的续展：

本合同于到期日自动终止，除非双方在到期日之前签署书面协议，续展本合同期限。

## 六　合同终止

1. 合同终止：

a. 本合同于合同到期日终止,除非双方按第5.2条规定续约;

b. 如甲、乙双方的劳动合同终止，本合同也随之终止。

2. 双方持续的义务：

本合同终止后，本合同第 7 条的规定甲、乙双方仍须遵守。

3. 考核标准：

a. 必须完成本岗位的任务、本岗位年任务指标＿＿＿＿＿＿＿；

b. 必须完成公司年度总任务＿＿＿＿＿＿＿＿＿＿＿＿＿；

c. 乙方所得的分红必须为以上两个任务，如有其中任意一项任务未完成，乙方将不享受分红权。

## 七　保密义务

乙方对本协议的内容承担保密义务，不得向第三人泄露本协议中乙方所得虚拟股、股数以及分红等情况，除非事先征得甲方的许可。

## 八　违约

1. 如乙方违反劳动合同，甲方有权提前解除本合同。

2. 如乙方违反本协议第 7 条之规定，甲方有权提前解除本合同。

## 九　争议的解决

### 1. 友好协商

如果发生由本合同引起或者相关的争议，双方首先应当争取友好协商来解决争议。

### 2. 仲裁

如果双方协商不成，则将该争议提交甲方所在地的劳动争议仲裁委员会仲裁。

## 十　其他规定

### 1. 合同生效

合同自双方签字或盖章之日起生效。

### 2. 合同修改

本合同不得以口头方式修改，而须以双方签署书面文件的方式修改。

### 3. 合同文

本合同以中文写就，正本一式两份，双方各持一份。

### 4. 本合同为甲、乙双方签订的劳动合同的补充，履行本合同不影响原劳动合同所约定的权利义务。

甲方： 乙方：

年 月 日

温馨提示：

请根据企业的实际情况调整及完善本协议，必要时由法律
顾问审核使用。

# 竞业禁止协议

甲方：_____

乙方：_____

## 第一条　定义

1. 竞业限制或竞业禁止：指用人单位有条件要求劳动者不能直接或间接从事竞业行为，具体以本合同约定为准。

2. 甲方公司：包括甲方及其所有分支机构、子公司、办事处和关联单位。

3. 任职期间：指乙方与甲方正式签订劳动合同或形成事实劳动合同关系之日开始到双方劳动关系结束（或消灭）为止的期间。如乙方到达退休年龄之后继续为甲方所聘用，则任职期间包括聘用期间，至聘用关系终止之日截止。

4. 竞争性单位：指与甲方公司生产、经营、从事类似产品或提供类似服务的或对甲方公司业务构成现实或潜在竞争的个人或组织。

5. 竞争行为：自己或与其他个人或组织合作，直接或间接从事竞争性业务；或为竞争性单位提供服务或劳务，包括但不限于担任竞争性单位的合伙人、董事、监事、股东、管理人员或一般职员、代理人、顾问等。

## 第二条　乙方的义务

1. 乙方在甲方工作期间及乙方从甲方离职之日起＿＿＿＿年内（不论何种原因离职），未经甲方书面同意，不得直接或间接地自行或促使其关系人从事任何与甲方相竞争的业务；不得直接或间接地自行或促使其关系人投资、建立与甲方有竞争关系的公司或经济实体或在与甲方有竞争关系的公司、经济实体中取得股权或任何权益；不得直接或间接地自行或促使其关系人参与任何与甲方有竞争关系的公司或经营实体的管理；不得直接或间接地自行或促使其关系人受聘于任何与甲方有竞争关系的单位。

2. 乙方在甲方工作期间及离职后，未经甲方书面同意，不得以任何形式使用和／或使他人获得、使用甲方商业秘密及专有信息，也不得在他人泄露甲方商业秘密及专有信息的情况下利用和／或扩大已泄露的甲方商业秘密及专有信息。

3. 乙方在甲方工作期间，不得擅自实施侵犯他人商业秘密、专有信息和知识产权的行为。乙方违反本条约定，产生的一切法律后果由乙方自行承担。

4. 乙方在甲方工作期间及离职后，不得传播、扩散不利于甲方的消息或报道，不得直接或间接地劝诱或帮助他人劝诱甲方员工或客户离开甲方。

### 第三条　甲方义务

1. 在职期间，乙方履行竞业限制义务的，甲方无须支付任何额外补偿。

2. 如乙方从甲方离职，自劳动合同终止之日起，乙方履行竞业禁止义务期间，甲方应当按月向乙方支付竞业禁止补偿金。每月补偿金额为人民币_____元，由甲方通过银行支付至乙方指定银行账户。

3. 甲方有权单方面要求乙方停止履行竞业禁止义务，并不再支付相应的补偿金。

### 第四条　违约责任

1. 乙方违反竞业禁止义务，应向甲方支付违约金，违约金金额为乙方所实际领取竞业禁止补偿金的 5 倍。

2. 乙方违反本协议约定义务，给甲方造成损失的，如乙方支付的违约金不足以赔偿甲方所遭受的实际损失，则还应赔偿甲方直接或间接的利润损失、商誉损失、业务机会及为制止违约行为所支付的所有费用，包括但不限于律师费、诉讼费、保全费、公证费等。

3. 甲方不履行规定义务，未按本协议约定支付乙方竞业禁止补偿金的，乙方可不履行竞业禁止义务。但若乙方拒绝受领补偿金，不得以此为由豁免其在本协议项下的义务及违约责任。

### 第五条　其他

1. 因本协议引起的纠纷，由双方协商解决。如协商不成的，双方均有权向甲方所在地人民法院诉讼解决。

2. 本合同一式两份，甲、乙双方各执一份，自双方签字盖章之日起生效。

（附乙方身份证复印件）


甲方（章）：                    乙方：


法定代表人：


日期：　年　月　日        日期：　年　月　日


温馨提示：

请根据企业的实际情况调整及完善本协议，必要时由法律顾问审核使用。

# 有限合伙协议

本协议全体合伙人各方本着诚实信用、公平互利、平等自愿的原则，经友好协商，就在_____市共同投资设立 _____有限合伙企业一事，签订本协议以资共同遵守。

## 第一章　总则

### 第一条　协议订立依据

根据《中华人民共和国合伙企业法》（以下简称《合伙企业法》）以及其他法律、行政法规、规章之规定，全体合伙人经协商一致订立本协议。

### 第二条　企业性质

本企业由全体合伙人根据本协议自愿设立。本企业性质为有限合伙，即普通合伙人对本企业债务承担无限连带责任，有限合伙人以其认缴的出资额为限对本企业债务承担责任。

### 第三条　合法性

全体合伙人愿意遵守国家有关的法律、行政法规、规章，依法纳税，守法经营。

本协议条款与法律、行政法规和规章不符的，以法律、行政法规、规章的规定为准。

## 第二章　合伙企业名称和注册地址

### 第四条　企业名称

本企业名称：＿＿＿＿＿＿（有限合伙）（以下简称本企业、本合伙企业）

### 第五条　注册地址

本企业注册地址：＿＿＿＿＿＿＿＿＿＿＿＿＿＿＿＿＿＿＿

## 第三章　经营范围和经营期限

### 第六条　经营范围：以营业执照为准
### 第七条　经营期限：＿＿＿＿年

## 第四章　合伙人出资额和出资方式

### 第八条　合伙人姓名、住所、类别

1. 合伙人姓名、身份证号、住所：

| 类别 | 合伙人姓名 | 身份证号 | 住所 | 授权代表人 |
|---|---|---|---|---|
| 普通合伙人 | | | | |
| 有限合伙人 | | | | |
| | | | | |
| | | | | |
| | | | | |
| | | | | |
| | | | | |
| | | | | |
| | | | | |
| | | | | |
| | | | | |

2. 合伙人类别：合伙人分为普通合伙人和有限合伙人两类。

全体合伙人均应满足如下资格条件：（1）系具有完全民事行为能力和民事权利能力的自然人；（2）保证出资来源合法合规；（3）不得采取委托某个投资者代持方式投资于股权投资企业等有关规定；（4）具有良好的社会信誉，不存在正在被法院、仲裁机构或行政机关针对其进行的任何可能会对其履行本协议义务的能力造成实质性影响的诉讼、仲裁程序或行政措施，而且，也不存在将要或可能发生的任何此类诉讼、仲裁程序或行政措施；（5）符合有关创业投资的其他相关法规规定。

### 第九条 合伙人出资额、出资方式和缴付期限

1. 出资总额：

本合伙企业总出资额为＿＿＿＿＿＿元人民币，全部为现金出资。

2. 合伙人出资额和出资方式如下表所示：

| 合伙人名称 | 类别 | 出资方式 | 出资额 | 持股比例 |
|---|---|---|---|---|
|  | 普通合伙人 | 现金 | 10万元 |  |
|  | 有限合伙人 |  |  |  |
|  |  |  |  |  |
|  |  |  |  |  |
|  |  |  |  |  |
|  |  |  |  |  |
|  |  |  |  |  |

3. 出资额的缴付期限：

全体合伙人的出资需于本合同签订之日起＿＿＿日内缴纳，缴纳方式为银行转账，户名：＿＿＿＿＿＿开户行：＿＿＿＿＿＿账号：＿＿＿＿＿＿＿＿＿＿＿＿＿＿＿＿＿＿＿＿＿＿＿＿＿＿＿＿＿＿＿＿＿＿＿＿。

## 第五章　收益分配和亏损分担以及合伙债务的承担

### 第十条　收入、净利润与可分配资金

1. 收入：指合伙经营项目所取得的收益等。

2. 净利润：为收入扣除各项税收和管理费用等的余额。

3. 可分配资金：指不需或不能再用于投资或其他支付的、可分配给合伙人的资产，包括实现的净利润和回收的原始出资额。

### 第十一条　税赋

本企业投资所得，按照国家有关税收规定，由合伙人分别缴纳所得税。

### 第十二条　可分配资金的分配顺序

可分配资金的分配原则为"先回本后分利"，经营期间获得的每一笔可分配资金应首先让所有合伙人按实缴出资比例回收其实缴出资额。实缴出资额全部回收后如有余额，则按投资比例在全体合伙人之间进行分配。

### 第十三条　可分配资金的分配形式

1. 可分配资金的分配，在存续期间原则上以现金方式进行；在本企业清算时可以现金、可流通的有价证券、未上市公司股权的形式进行。分配任何流通的有价证券的价值以派发当日之前累计 20 个交易日有关部门公布的该有价证券的市场收盘价的平均价为计算依据，未上市公司股权价值评估方式按本协议约定的合

伙人会议表决通过。

2. 其中非现金分配的标的在视同转换为现金的基础上进行计算。

3. 合伙人共同认可的其他形式。

**第十四条　可分配资金的分配时间**

1. 每____个月进行一次分配。

2. 在合伙企业存续期结束后，或经合伙人会议决定提前清算的更早时间，在扣除运营费用后，本着最快的原则向合伙人分配可分配资金。

**第十五条　经营亏损承担**

企业经营出现亏损，由全体合伙人按出资比例承担。其中普通合伙人承担无限连带责任，有限合伙人以投资额为限承担责任。

**第十六条　债务**

1. 本合伙企业不得对外举债。债务仅包括应付职工薪酬（如有）、应交税金、应付红利和其他应付款等应交应付性质项目，而不涉及任何形式的对外短期和长期借款。

2. 本合伙企业涉及的上述债务应先以合伙财产偿还。当合伙财产不足以清偿时，有限合伙人在认缴出资额内承担有限责任，普通合伙人承担无限连带责任。

## 第六章　合伙人的权利和义务

### 第十七条　普通合伙人的权利和义务

1. 普通合伙人的权利

（1）执行合伙事务；

（2）依法召集、主持、参加合伙人大会和其他合伙人会议，并行使相应的表决权；

（3）拟定企业的基本管理制度和具体规章制度；

（4）设立投资决策委员会，召集、召开投资决策委员会会议；并按约定的议事规则由投资决策委员会作出相关决策；

（5）按照本协议约定享有合伙利益的分配权；

（6）企业清算时，按本协议约定参与企业剩余财产的分配；

（7）聘任或解聘为行使项目投资或项目退出所必需的会计师事务所、律师事务所、咨询公司、评估机构等中介机构；

（8）法律、行政法规及本协议规定的其他权利。

2. 普通合伙人的义务

（1）按照本协议的约定勤勉尽职，维护合伙财产的统一性、完整性、安全性和保值增值。

（2）向不执行合伙事务的其他合伙人定期申报财务账目。

（3）及时发现和控制项目经营出现的重大变化，可能给本企业造成损失的事项，出现影响项目盈亏的重大事项时及时向其他合伙人会议报告通报。重大事项是指：任何有可能影响企业资产安全的违法违规或受处罚情况；任何有可能影响企业资产安全的法律、行政法规和政策的重大调整；其他有可能使企业资产遭受重大损失的事项，包括但不限于：企业资产或所投资项目重大损失（分别超过企业总资产或项目投资总额的10%）；提起或被提起涉及企业的重大诉讼、仲裁或其他行政措施；与企业资产有关的关联交易；被投资企业发生重大经营困难或有足够证据证明其技术或产品开发失败；被投资企业或其主要经营管理人员牵连到任何诉讼和仲裁程序，或司法或行政机关对其财产进行限制等。

（4）不得以其在本企业中的财产份额出质；不得以本合伙企业的名义或以本合伙企业的财产对外（包括其他合伙人）举债及对外担保。

（5）在本企业投资期内，不得自营或接受他人委托从事与本企业相竞争的业务。所谓竞争业务，是指与本企业的行业投向相同或相近，或者构成上下游或互补关系的投资业务。

（6）不得与本企业进行交易。

（7）对本合伙企业中的合伙事务予以保密等。

**第十八条　有限合伙人的权利和义务**

1. 有限合伙人的权利

（1）合伙项目盈利的收益权；

（2）对本企业的经营管理提出合理化建议。

2. 有限合伙人的义务

（1）按本协议约定按期缴付出资，同时按照本协议的约定维护合伙财产的统一性；

（2）不得恶意从事损害本企业利益的投资活动；

（3）对本企业的债务承担有限责任；

（4）对本企业中的合伙事务和投资组合等相关事宜予以保密；

（5）除按本协议约定行使相关权利外，不得干预本企业的项目投资与退出决策；

（6）法律、行政法规及本协议规定的其他义务。

**第十九条　全体合伙人的表决权**

本企业仅普通合伙人享有表决权，表决权按照持股比例行使，每一合伙人所持每一股对应一票表决权，行使表决权的方式按照本协议约定进行。

**第二十条　竞业禁止与豁免**

本企业存续期间，全体合伙人不得自营或者同他人合作经营与本企业相竞争的业务。合伙人违反竞业禁止给本企业或者其他合伙人造成损失的，该合伙人应向其他合伙人承担赔偿责任。

**第二十一条　合伙人会议**

1. 合伙人会议由全体合伙人组成。

2. 合伙人会议每年至少举行两次例会，经执行事务合伙人召集并主持。

3. 合伙人按照实际出资比例行使表决权，表决可以传真等书面方式进行，也可以书面委托他人进行。

4. 以下事项，须经持表决权三分之二以上的合伙人同意：

（1）修改合伙企业的合伙协议；

（2）本企业合伙期限的延长；

（3）合伙人的入伙（包括新入伙的合伙人出资占本合伙企业总出资额比例等具体事宜）；

（4）通过可分配资金的分配方案；

（5）本企业名称、经营范围的变更；

（6）对本企业不动产的处置决策（如有）；

（7）通过清算报告；

（8）购买投资性资产（指对外股权投资形成的资产）和流动资金之外的其他价值超过 50 万元人民币的资产；

（9）已有和通过合法程序购买的投资性资产（指对外股权投资形成的资产）和流动资金之外的其他价值超过 50 万元人民币的资产的处分。

5. 其他事项，经代表实际出资比例二分之一及以上的合伙人同意通过即可。

## 第七章　合伙人出资份额的转让

未经全体合伙人一致同意，任何合伙人不得将持有的本合伙企业的份额转让给第三人。如同意转让，其他合伙人具有优先购买权。

## 第八章　退伙及清算

1. 全体合伙人在满足以下条件时可以退伙：

（1）＿＿＿＿＿＿＿＿＿＿＿＿＿＿＿＿＿；

（2）＿＿＿＿＿＿＿＿＿＿＿＿＿＿＿＿＿；

（3）＿＿＿＿＿＿＿＿＿＿＿＿＿＿＿＿＿。

非因上述三个条件出现时，合伙人原则上不允许退出，如合伙人执意退出合伙，需经三分之二以上表决权的合伙人表决同意。

2. 合伙人在合伙关系存续期间如发生死亡，按照《中华人民共和国继承法》处理，其继承人取得合伙人财产份额。

3. 有限合伙人有下列情形之一的，经二分之一以上表决权的合伙人同意，该合伙人退伙：

（1）有限合伙人在本企业中的全部财产份额存在重大权属争议导致直接、间接严重影响本企业经营的；

（2）有限合伙人在本企业中的全部财产份额被人民法院强制执行；

（3）《合伙企业法》规定的其他当然退伙和除名退伙情形。

## 第九章　企业解散与清算

### 第二十二条　解散事由

1. 合伙期限届满，合伙人会议决定不再经营；

2. 全体合伙人一致决定解散；

3. 依法被吊销营业执照、责令关闭或者被撤销；

4. 本企业严重亏损（达到或超过本企业实际出资总额的
_____%），无法继续经营。

### 第二十三条清算

按照《合伙企业法》相关规定办理。

## 第十章　违约责任

### 第二十四条　合伙人违反本协议规定期限缴纳出资的，视为放弃入伙

## 第十一章　其他约定

### 第二十五条　不可抗力

由于地震、台风、水灾、火灾、战争或其他不能预见并且对其发生和后果不能防止和避免的不可抗力事件，致使直接影响本协议的履行或者不能按约定的条件履行时，遇有上述不可抗力

事件的一方,应立即将事件情况书面通知其他方,并应在十五(15)日内提供事件的详细情况及本协议不能履行,或者部分不能履行,或者需要延期履行的理由的有效证明文件。按照事件对履行本协议影响的程度,由签约各方协商决定是否解除本协议,或者部分免除履行本协议的责任,或者延期履行本协议。

**第二十六条　争议解决**

1.任何因本协议而引起的争议,各方应通过友好协商解决。如争议发生后三十(30)日内未能通过协商解决争议,任何一方均可向有管辖权的法院提起诉讼。

2.在争议诉讼期间,除提交争议事项所涉及的权利和义务外,各方应继续履行其在本协议内规定的义务和行使其权利。

**第二十七条　文本与效力**

1. 本协议一式＿＿＿份,签约各方各执一份,其余用于相关部门的报备之用。

2. 本协议自各方签字或盖章之日起生效。

3. 协议签订地点:＿＿＿＿＿＿市。

全体合伙人签字:＿＿＿＿＿＿＿＿＿＿＿＿＿＿

日期:＿＿＿＿＿＿＿＿＿＿＿＿＿＿＿＿＿＿＿

温馨提示:

请根据企业的实际情况调整及完善本协议,必要时由法律顾问审核使用。

**附录 7：商业计划书**

项目名称 _____

项目单位 _____

地　　址 _____

电　　话 _____

传　　真 _____

电子邮件 _____

联 系 人 _____

[ 公司名称 ]

[ 日　期 ]

# 目　录

# 摘 要

说明：在两页纸内完成本摘要。

[摘要内容参考]

1. 公司基本情况（公司名称、成立时间、注册地区、注册资本，主要股东、股份比例，主营业务，过去三年的销售收入、毛利润、纯利润，公司地点、电话、传真、联系人。）

2. 公司管理者情况（姓名、性别、年龄、籍贯、联系电话，学历、学位、毕业院校，政治面貌，行业从业年限，主要经历和业绩。）

3. 产品/服务描述（产品/服务介绍，产品技术水平，产品的新颖性、先进性和独特性，产品的竞争优势。）

4. 研究与开发（已有的技术成果及技术水平，研发队伍技术水平、竞争力及对外合作情况，已经投入的研发经费及今后投入计划，对研发人员的激励机制。）

5. 行业及市场情况（行业历史与前景、市场规模及增长趋势、行业竞争对手及本公司竞争优势、未来3年或5年市场销售预测。）

6. 营销策略（在价格、促销、建立销售网络等各方面拟采取的策略及其可操作性和有效性，对销售人员的激励机制。）

7. 产品制造（生产制造方式，生产设备，质量保证，成本控制。）

8. 管理（机构设置，员工持股，劳动合同，知识产权管理，人事计划。）

9. 融资说明（资金需求量、用途、使用计划，拟出让股份，投资者权利，退出方式。）

10. 财务预测（未来3年或5年的销售收入、利润、资产回报率等。）

11. 风险控制（项目实施可能出现的风险及拟采取的控制措施。）

## 第一部分　公司基本情况

公司基本情况：＿＿＿＿＿＿＿＿＿＿＿＿＿＿＿＿

公司名称＿＿＿＿＿＿＿＿＿＿＿＿＿＿＿＿＿＿

成立时间＿＿＿＿＿＿＿＿＿＿＿＿＿＿＿＿＿＿

注册资本＿＿＿＿＿＿＿＿＿＿＿＿＿＿＿＿＿＿

实际到位资本＿＿＿＿＿＿＿＿＿＿＿＿＿＿＿＿

其中现金到位＿＿＿＿＿＿＿＿＿＿＿＿＿＿＿＿

无形资产占股份比例＿＿＿＿＿＿＿＿＿＿＿＿%

注册地点＿＿＿＿＿＿＿＿＿＿＿＿＿＿＿＿＿＿

公司性质：如有限公司、股份有限公司、合伙企业、个人独资等，并说明其中国有成分比例和外资比例。

公司沿革：说明自公司成立以来主营业务、股权。注册资本等公司基本情形的变动，并说明这些变动的原因。

目前公司主要股东情况：列表说明目前股东的名称及其出资情况，如下表所示。

**公司主要股东情况**

| 股东名称 | 出资额 | 出资形式 | 股份比例 | 联系人 | 联系电话 |
|---|---|---|---|---|---|
| 甲方 | | | | | |
| 乙方 | | | | | |
| 丙方 | | | | | |
| 丁方 | | | | | |
| 戊方 | | | | | |

目前公司内部部门设置情况：以组织机构图来表示本公司的独资、控股、参股公司及非法人机构的情况：

以图形方式表示，如：

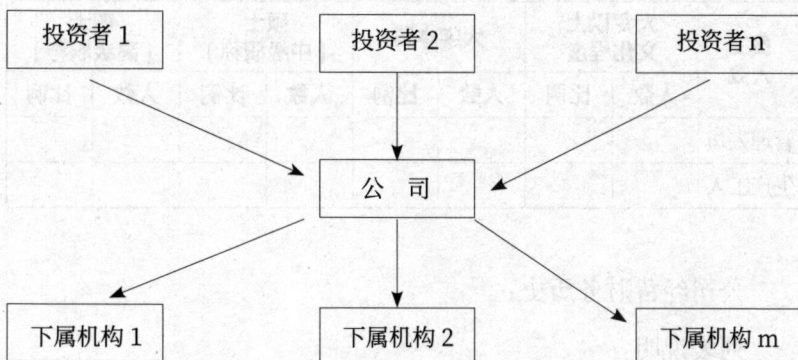

公司曾经经营过的业务有_____、_____、_____、

_____、_____、_____。

公司目前经营的业务为 _____、_____、_____、

_____、_____、_____。

目前主营业务为_____

_____。

公司目前职工情况：

如拥有员工___人，其中管理人员___人，生产工人___人；管理人员中，大专以上文化程度的有___人，占员工总数___%，大学本科以上的有___人，占员工总数___%，硕士学位（含中级职称）以上的有___人，占员工总数___%，博士学位（含高级职称）以上的有___人，占员工总数___%。

最好列表说明，如下表所示：

| 员工人数 | 大专以上文化程度 | | 大学本科 | | 硕士（中级职称） | | 博士（高级职称） | |
|---|---|---|---|---|---|---|---|---|
| | 人数 | 比例 | 人数 | 比例 | 人数 | 比例 | 人数 | 比例 |
| 管理人员 | | | | | | | | |
| 生产工人 | | | | | | | | |

公司经营财务历史：

列表说明：

单位：万元

| 项目 | 本年度 | 前1年 | 前2年 | 前3年 |
|---|---|---|---|---|
| 销售收入 | | | | |
| 毛利润 | | | | |
| 纯利润 | | | | |
| 总资产 | | | | |
| 总负债 | | | | |
| 净资产 | | | | |
| 负债率 | | | | |
| 净资产收益率 | | | | |

公司近期及未来3~5年要实现的目标(行业地位、销售收入、市场占有、产品品牌以及公司股票上市等)：

公司近期及未来3~5年的发展方向、发展战略和要实现的目标：

## 第二部分　公司管理层

董事会成员名单：

| 序号 | 职　务 | 姓　名 | 工作单位 | 学历或职称 | 联系电话 |
|---|---|---|---|---|---|
| 1 | 董事长 | | | | |
| 2 | 副董事长 | | | | |
| 3 | 董　事 | | | | |
| 4 | 董　事 | | | | |
| 5 | 董　事 | | | | |
| 6 | 董　事 | | | | |

| 7 | 董　事 | | | | |
|---|---|---|---|---|---|
| 8 | 董　事 | | | | |
| 9 | 董　事 | | | | |

**董事长**

姓名＿＿＿＿＿性别＿＿＿＿＿年龄＿＿＿籍贯 ＿＿＿＿＿＿＿＿＿联系电话＿＿＿＿＿＿

学历＿＿＿＿＿学位＿＿＿＿＿所学专业 ＿＿＿＿＿职称 ＿＿＿＿＿毕业院校＿＿＿＿＿户口所在地＿＿＿＿＿＿＿

主要经历和业绩：着重描述在本行业内的技术和管理经验及成功事例。

**总经理**

姓名＿＿＿＿＿性别＿＿＿＿＿年龄＿＿＿籍贯 ＿＿＿＿＿＿＿＿＿联系电话＿＿＿＿＿＿

学历＿＿＿＿＿学位＿＿＿＿＿所学专业 ＿＿＿＿＿职称 ＿＿＿＿＿毕业院校＿＿＿＿＿户口所在地＿＿＿＿＿＿＿

主要经历和业绩：着重描述在本行业内的技术和管理经验及成功事例。

### 技术开发负责人

姓名_____性别_____年龄____籍贯 _____联系电话_____

学历_____学位_____所学专业 _____职称 _____毕业院校_____户口所在地_____

主要经历和业绩：着重描述在本行业内的技术水平、经验和成功事例。

### 市场营销负责人

姓名_____性别_____年龄____籍贯 _____联系电话_____

学历_____学位_____所学专业 _____职称 _____毕业院校_____户口所在地_____

主要经历和业绩：着重描述在本行业的营销经验和成功事例。

### 财务负责人

姓名_____性别_____年龄____籍贯 _____联系电话_____

学历_____学位_____所学专业 _____职称 _____毕业院校_____户口所在地_____

主要经历和业绩：着重描述在财务、金融、筹资、投资等方面的背景、经验和业绩。

**其他对公司发展负有重要责任的人员（可增加附页）**

姓名_____ 性别_____ 年龄____籍贯_____ 联系电话_____

学历_____ 学位_____ 所学专业 _____ 职称_____ 毕业院校_____ 户口所在地_____

主要经历和业绩：根据公司的需要，描述不同人员在特定方面的专长。

## 第三部分　产品／服务

产品／服务描述（这里主要介绍拟投资的产品／服务的背景、目前所处发展阶段、与同行业其他公司同类产品／服务的比较，本公司产品／服务的新颖性、先进性和独特性，如拥有的专门技术、版权、配方、品牌、销售网络、许可证、专营权、特许权经营等）：

公司现有的和正在申请的知识产权（专利、商标、版权等）：

专利申请情况：

产品商标注册情况：

公司是否已签署了有关专利权及其他知识产权转让或授权许可的协议？如果有，请说明（并附主要条款）：

目标市场：这里对产品面向的用户种类要进行详细说明。

_____、_____、_____、

_____、_____、_____、

_____、_____、_____、

_____、_____、_____。

产品更新换代周期：更新换代周期的确定要有资料来源。

产品标准：详细列明产品执行的标准。

详细描述本公司产品/服务的竞争优势（包括性能、价格、服务等方面）：

产品的售后服务网络和用户技术支持：

## 第四部分　研究与开发

公司以往的研究与开发成果及其技术先进性（包括技术鉴定情况，获国际、国家、省、市及有关部门和机构奖励情况）：

公司参与制定产品或技术的行业标准和质量检测标准情况：

国内外研究与开发情况，以及公司在技术与产品开发方面的国内外主要竞争对手（5家）情况，公司为提高竞争力拟采取的措施：

截至目前，公司在技术开发方面的资金总投入是多少，计划再投入的开发资金是多少（列表说明每年购置开发设备费用、开发人员工资、试验检测费用，以及与开发有关的其他费用）：

请说明，今后为保证产品质量，产品升级换代和保持技术先进水平，公司的开发方向、开发重点和正在开发的技术和产品等情况：

公司现有技术开发资源以及技术储备情况：

公司寻求技术开发依托（如大学、研究所等）情况，合作方式：

公司将采取怎样的激励机制和措施来保持关键技术人员和技术队伍的稳定：

公司未来 3～5 年在开发资金投入和人员投入计划（万元）：

| 年　份 | 第 1 年 | 第 2 年 | 第 3 年 | 第 4 年 | 第 5 年 |
|--------|--------|--------|--------|--------|--------|
| 资金投入 |  |  |  |  |  |
| 人员（个） |  |  |  |  |  |

## 第五部分　行业及市场情况

行业情况（行业发展历史及趋势，哪些行业的变化对产品利润、利润率影响较大，进入该行业的技术壁垒、贸易壁垒、政策限制等，行业市场前景分析与预测）：

过去 3 年或 5 年各年全行业销售总额：必须注明资料来源。

单位：万元

| 年　份 | 前 5 年 | 前 4 年 | 前 3 年 | 前 2 年 | 前 1 年 |
|--------|--------|--------|--------|--------|--------|
| 销售收入 |  |  |  |  |  |
| 销售增长率 |  |  |  |  |  |

未来 3 年或 5 年各年全行业销售收入预测：必须注明资料来源。

单位：万元

| 年 份 | 第 1 次 | 第 2 次 | 第 3 次 | 第 4 次 | 第 5 次 |
|---|---|---|---|---|---|
| 销售收入 | | | | | |

本公司与行业内五个主要竞争对手的比较：主要描述在主要销售市场中的竞争对手。

| 竞争对手 | 市场份额 | 竞争优势 | 竞争劣势 |
|---|---|---|---|
| | | | |
| | | | |
| | | | |
| | | | |
| 本公司 | | | |

市场销售有无行业管制，公司产品进入市场的难度分析：

公司未来 3 年或 5 年的销售收入预测（融资不成功的情况下）：

单位：万元

| 年 份 | 第 1 年 | 第 2 年 | 第 3 年 | 第 4 年 | 第 5 年 |
|---|---|---|---|---|---|
| 销售收入 | | | | | |
| 市场份额 | | | | | |

公司未来 3 年或 5 年的销售收入预测（融资成功情况下）：

单位：万元

| 年　份 | 第 1 年 | 第 2 年 | 第 3 年 | 第 4 年 | 第 5 年 |
|---|---|---|---|---|---|
| 销售收入 | | | | | |
| 市场份额 | | | | | |

## 第六部分　营销策略

产品销售成本的构成及销售价格制定的依据：

如果产品已经在市场上形成了竞争优势，请说明与哪些因素有关（如成本相同但销售价格低、成本低形成销售优势，以及产品性能、品牌、销售渠道优于竞争对手产品，等等）：

在建立销售网络、销售渠道、设立代理商、分销商方面的策略与实施：

在广告促销方面的策略与实施：

在产品销售价格方面的策略与实施：

在建立良好销售队伍方面的策略与实施：

产品售后服务方面的策略与实施：

其他方面的策略与实施：

对销售队伍采取什么样的激励机制：

## 第七部分  产品制造

产品生产制造方式（公司自建厂生产产品、委托生产或其他方式，请说明原因）：

公司自建厂情况（购买厂房还是租用厂房，厂房面积是多少，生产面积是多少，厂房地点在哪里，交通、运输、通信是否方便）

现有生产设备情况（专用设备还是通用设备，先进程度如何，价值是多少，是否投保，最大生产能力是多少，能否满足产品销售增长的要求，如果需要增加设备，请说明采购计划、采购周期及安装调试周期；如果需要大规模建设，是否选择"交钥匙"方式进行，"交钥匙"工程的承包机构是否提供工期、质量方面的保证，如何对这些保证加以实施？）：

请说明，如果设备操作需要特殊技能的员工，如何解决这一问题：

简述产品的生产制造过程、工艺流程：

如何保证主要原材料、元器件、配件以及关键零部件等生产必需品进货渠道的稳定性、可靠性、质量及进货周期，列出3家主要供应商名单及联系电话：

主要供应商1：_____

主要供应商2：_____

主要供应商3：_____

正常生产状态下，成品率、返修率、废品率控制在怎样的范围内，描述生产过程中产品的质量保证体系以及关键质量检测设备：

产品成本和生产成本如何控制，有怎样的具体措施：

产品批量销售价格的制定，产品毛利润率是多少？纯利润率是多少？

## 第八部分　管理

请说明：为保证融资项目按计划实施，公司准备今后各年陆续设立哪些机构，各机构配备多少人员，人员年收入情况。请用图表统计表示出来，附在本计划书中。

公司是否通过国内外管理体系认证？

公司对管理层及关键人员将采取怎样的激励机制：

公司是否考虑员工持股问题，请说明：

公司是否与掌握公司关键技术及其他重要信息的人员签定竞业禁止协议，若有，请说明协议主要内容：

公司是否与每个雇员签订劳动用工合同：

公司是否与相关员工签订公司技术秘密和商业秘密的保密合同：

公司是否为每位员工购买保险，请说明保险险种：

公司是否存在关联经营和家族管理问题，若有，请说明：

公司与董事会、董事、主要管理者、关键雇员之间是否有实际存在或潜在的利益冲突，如果有，请说明解决办法：

请说明，公司对知识产权、技术秘密和商业秘密的保护措施：

请说明，项目实施过程中，公司需要哪些外部支持，如何获得这些支持：

### 第九部分　融资说明

为保证项目实施,需要新增投资_____万元,新增投资中,需投资方投入_____万元, 对外借贷_____万元, 公司自身投入_____万元。如果有对外借贷, 抵押或担保措施是什么?

请说明投入资金的用途和使用计划：

希望让投资方参股本公司还是投资合作成立新公司？请说明原因：

拟向投资方出让多少权益? 计算依据是什么?

预计未来3年或5年平均每年净资产收益率是多少?

投资方可享有哪些监督和管理权力?

如果公司没有实现项目发展计划, 公司与管理层向投资方承担哪些责任?

投资方以何种方式收回投资, 具体方式和执行时间是什么?

在与公司业务有关的税种和税率方面, 公司享受哪些政府提供的优惠政策及未来可能的情况（如市场准入、减免税等方面的优惠政策）：

需要对投资方说明的其他情况：

## 第十部分　财务计划

产品形成规模销售时，毛利润率为_____%，纯利润率为_____%。

请提供：未来 3～5 年的项目盈亏平衡表、项目资产负债表、项目损益表、项目现金流量表、项目销售计划表、项目产品成本表。

（第一年每个月计算现金流量，共 12 个月，第二年每季度计算现金流量，共四个季度，第三、第四、第五年每年计算现金流量，共三年）

注：每一项财务数据要有依据，要进行财务数据说明。

## 第十一部分　风险控制

请详细说明该项目实施过程中可能遇到的风险及控制、防范手段（包括政策风险、技术开发风险、经营管理风险、市场开拓风险、生产风险、财务风险、汇率风险、投资风险、股票风险、对公司关键人员依赖的风险等。以上风险如适用，每项要单独叙述控制和防范手段）：

## 第十二部分    项目实施进度

详细列明项目实施计划和进度（注明起止时间）：

## 第十三部分    其他

为补充本项目计划书内容，需要进一步说明的有关问题（如公司或公司主要管理人员和关键人员过去、现在是否卷入法律诉讼及仲裁事件中，对公司有何影响）。

# 一些心里话

本书完结，如释重负。

这本书能顺利完稿，也算完成了我的一个心愿。早些时候，我便想着写点东西分享给大家，若是写一些理论性的东西，怕大家觉得虚，不贴合实际，若是写一些工具性的东西，又怕内容太死板，大家不乐意看。思前想后，才有了这本书的架构："理论＋工具＋案例"。做企业与做人是一样的，做人一定要先有一个正确的价值观、世界观，人生才会美好；做企业一定要先了解一些系统、工具的底层逻辑，以理论为向导，以工具为实践，大家才会受益。

我是这样想的，但实际落笔后，才发现自己很大的一个问题：想表达的东西太多，导致无法突出重点。第一次完稿后，这本书的字数超过了30万字，那时我的朋友、助理认为这本书写得太厚，企业家朋友们没有耐心去阅读30万字的"大作"。我很认同这个观点，做了精简，说实话很心疼，看着很多比较详细的内容被删掉，我心里有些不是滋味，但我很清楚，书写得精简些，那大家阅读起来就会更方便一些，只要读懂书中的一个观点，学会书中的一个工具，那对企业家朋友都是有益处的。如此想来，删除一些内容会让这本书变得更有价值起来。

我是一个慢性子的人，别看平时在台上讲课风风火火，私下还是比较喜欢安静的。我喜欢在夜晚安静地写一写心里想要表达的东西，慢慢便萌发出写书的想法。我做企业已经二十余年，前前后后写的一些笔记、小记也差不多能有百万字。平时看到其他企业做得好的地方，我便会记录下来，然后仔细分析人家为什么要这样做，这样做为什么就能成功，琢磨表层下的底层逻辑，直到把这个事物看通透，再在自己的企业里试用，有效果后便分享给大家。

说实话，我很享受这个过程，我喜欢思考，在安静的夜晚，微弱的灯光下，人的头脑会变得格外清醒，此时去回想白天发生的事情，会变得很清晰，甚至能直接看清事物背后的逻辑。我一直保持着思考的习惯，个人觉得，做企业，思考是很必要的，时刻保持清醒，才能面对复杂的社会变化。所以，我就把那些在夜晚思考清楚的一些事物记录下来，编写成书，分享给大家。这本书截稿之际，我很想跟大家说一声抱歉，为什么呢？因为在我看来这本书还是有些"死板"，我日常课程每个月都会更新内容，而书籍却不能做到这一点，没办法把最新的、最前沿的东西分享给大家，理应说一声抱歉。

或许大家会发现，在这本书中，我总在建议企业家朋友们多交流、学习，这是我发自内心的想法。我自己经营企业，结交了不少企业家朋友，大家在一起经常会聊企业、聊管理，有时候别人无意的一句话，便成为启发我的一个点，让我受益匪浅，所以我也希望大家能多多受益。有交流，有学习，企业才会有发展。最后，我希望所有的中小企业都能蓬勃发展，希望本书能帮助更多的企业家朋友。在我看来，大家的企业有盈利，我的企业才有存在价值，帮助中小企业发展，本身就是我创立企业的初心。

2023 年 8 月